台积电工作法

我在台积电学到的经营思维和工作技巧

彭建文 ○ 著

北京时代华文书局

图书在版编目（CIP）数据

台积电工作法 / 彭建文著 . —北京：北京时代华文书局，2022.7
ISBN 978-7-5699-4610-9

Ⅰ.①台… Ⅱ.①彭… Ⅲ.①工作方法－通俗读物 Ⅳ.① B026-49

中国版本图书馆 CIP 数据核字 (2022) 第 067139 号

版权所有 © 彭建文。
本书经由商业周刊授权北京时代华文书局有限公司出版简体中文版，委任 Andrew Nurnberg Associates International Limited 代理授权。
非经书面同意，不得以任何形式任意重制、转载。

北京市版权局著作权合同登记号 图字：01-2021-6621

台积电工作法
TAIJIDIAN GONGZUOFA

著　　者	彭建文
出 版 人	陈　涛
策划编辑	周　磊
责任编辑	周　磊
责任校对	初海龙
装帧设计	程 慧 迟 稳
责任印制	訾　敬

出版发行 | 北京时代华文书局 http://www.bjsdsj.com.cn
　　　　　北京市东城区安定门外大街 138 号皇城国际大厦 A 座 8 层
　　　　　邮编：100011　电话：010-64263661　64261528

印　　刷 | 北京毅峰迅捷印刷有限公司　010-89581657
　　　　　（如发现印装质量问题，请与印刷厂联系调换）

开　　本	880 mm×1230 mm 1/32	印　张	6	字　数	136 千字
版　　次	2022 年 8 月第 1 版	印　次	2022 年 8 月第 1 次印刷

书　　号 | ISBN 978-7-5699-4610-9
定　　价 | 42.00 元

版权所有，侵权必究

推荐序

好书难得，更要投资

——"大人学"共同创办人姚诗豪（Bryan）

2004年，我在美国念完硕士后返回中国台湾，正式投身管理顾问行业。随后，台积电委托我所在的公司进行一项超过一年的项目管理提升计划。通过这个契机，我得以有机会近距离接触台积电的工作文化。那段时间里，我几乎每周都要跟台积电的基层员工与主管开会，一起解决各种难题。身为"菜鸟顾问"的我，当时的感受是佩服与震惊——我从来没见过一家企业如此实事求是与重视逻辑，而且这样的文化深深刻印在我接触的每个部门的每位员工身上。

在后来的十多年的顾问生涯中，我接触过中国与美国的数百家企业，台积电仍然是我心中最佩服的企业。但身为一个外人，除了与台积电合作的那段时间外，我跟多数人一样，只能通过媒体报道来了解这家被称为"台湾地区之光"的高端制造企业。我常常想，若有一天有人能从内部进行"贴身"观察，整理台积电的团队文化与工作方式，分享给所有人，这将会是多么珍贵且难得的资源！

真的很高兴，我的愿望成真！建文把他在台积电十年间扎实历练的心得体会，写成这一本难得的书。光是读到书中讲述开会流程与主管提问的几个章节，就让我想起了当年和科技企业合作的往事，更深刻了解一家世界级大企业背后的管理理念。我相信读这本书，跟购买绩优股一样，绝对会成为读者一生中最成功的投资！

提升思维高度，从职场放眼市场

——知名半导体企业智能制造部主管金大卫（David Jin）

通用电气（GE）前CEO杰克·韦尔奇（Jack Welch）曾说过："Find the right job and you will never work again.（当你找到合适的工作后，你每天做的事情就再也不是简单的工作而已了。）"这句话着实是各行各业人士追求的工作的最高境界。想象一下，你非常热爱工作，每天出家门上班都抱着快乐、兴奋的心情，工作时也不觉得辛苦，反而觉得自己的工作很有意义，并且得到很大的成就感。我想这应该是很多人心中理想的工作状态。

要达到这样的境界并不容易。身处职场的专业人士要如何快速达到这样的境界呢？我们有幸能够通过本书一睹建文老师高深的专业功力。我相信每个人都能从书中找到快速、高效的工作法，发现通往更高层的晋升阶梯。

我与建文老师相识多年，很高兴他把过去在工作上累积的丰富的实战经验，加上多年来在两岸授课的辅导心得，汇聚成一本实用宝典，提供给所有职场人士。

要成为成功的职场人士，首先必须了解自己的性格特质、兴趣及专业技能，接下来要建立正确、健康和积极的工作态度，培养分析问题、解决问题的能力。读者可以在本书第二部分"高效、高准度的不败工作法"中学到具体方法。本书介绍的所有方法都有凭有据，绝不像市面的很多工具书一般，只谈理论而缺少实践。本书最宝贵的地方，就是建文老师多年的实战经验了。

此外，培养优秀的提问力可以让人一针见血地指出问题，大幅提高解决问题的效率。本书也介绍了职场人士必备的重要思维能力：产品思维能力、市场思维能力、财务思维能力、竞争者思维能力……这些都能大幅提升读者的眼界及思考层次。

这本书不仅适合初入职场的"社会新鲜人"，也同样适合各企业有心提升团队绩效的管理阶层。我极力向广大读者推荐本书。

思维对了，工作就对了

——振锋企业[①]总经理林衢江

我先要感谢彭顾问邀请我为这本书题序，这令我深感荣幸。我还要借此代表公司向彭顾问长期对振锋企业的教导与爱护表达敬意。

2015年，为了挑战自己，我下定决心、勇敢改变，离开已累积16年经验的科技产业，转而投入自己最不熟悉的传统产业。如同彭顾问书中所说的"接受挑战，勇于改变"，对我而言，自己亲身体验过，更能对彭顾问当年的经历感同身受。

2015年转职后，我认识了当时在公司做持续改善团队（Continuous Improvement Team，CIT）辅导的彭顾问。我们都在科技产业工作过，在思维方式与工作方法上有一定程度的契合。我们也知道，这些思维方式和工作方法都是传统产业的中小企业最需要的，也是最欠缺的。也因为思维相同，这几年我们才能"里应外合"一起推动CIT的改善活动，过程非常顺利，逐步

[①] 振锋企业是工业起重用安全钩具的专业制造商，自有品牌YOKE产品畅销全球。

建立了振锋企业持续改善的企业文化。

这再次说明工作者思维的重要性，思维会转变为态度，态度会转变为行为，而行为会造就人的习惯，习惯会造就一个人未来的命运。我也常与同事分享，在你遇到问题的时候，你当时的思维、想法就已经决定你处理此问题的结果了。一个人的思维方式是他能否成为卓越工作者非常重要的因素。

以此类推，如果企业想要成为卓越企业就必须有好的企业文化，如同工作者想要成为卓越工作者就必须具备正向的工作思维。同时，企业文化又是每个员工的工作思维汇集而成的。因此，一群有相同思维的员工就会产生共振效应，进而塑造一家公司的企业文化，而企业文化是决定了这家企业未来能否成为卓越企业的关键要素。这也呼应了作者在书中强调的工作者的思维对企业经营的重要性。

我相信，如果一个工作者具备良好的工作思维，再加上专业的知识、技能与系统性解决问题的能力，他就有机会成为卓越企业需要的卓越工作者。

作者序

不言十年有成，只谈一身绝活

2001年，我刚退伍就遇到经济不景气。我从退伍前半年开始找工作，前后向十几家大企业投过简历，都没下文。我投过简历的企业当然也包括台积电，但一样没有下文。

不过，人生机缘难料。就在退伍前的半个月，我参加的一场招聘活动上居然有台积电的摊位。虽然当时台积电的招聘计划里并没有我属意的岗位，我还是抱着姑且一试、就算只有0.1%概率也不放弃的决心，硬着头皮应聘：可见我有多想进台积电啊！最后，事情也真的如我所愿，2001年5月底，我接到台积电正式录取的电话。6月18日，我正式成为台积电的一员。

台积电是我工作的第一家公司，我在台积电一干就是十年。十年岁月中，我换了好几个部门，虽然每天都有不同的压力和挑战，但凭良心说，这一路都是很棒的学习体验。

刚进台积电时，我在生产管理部门工作，学到了有关生产规划与控制的方法、制造管理方法、项目管理和流程管理等专业知识。后来，我请调到质量管理系统部门，主要协助推动公司持续改善活动，担任过持续改善活动的辅导员，也担任过内部讲师，专门传授问题分析与解决的系统性方法。

后来，我又转到营销管理部门，协助产品定价、客户管理、营销管理，以及市场分析。另外，我也做过长期设备投资与产能规划的相关工作，也参与过会计管理方面的工作，了解产品成本结构，学习费用计算以及产品价量分析等方法。

我在多个部门工作过，在许多不同的工作岗位历练过，在每个工作岗位都需要解决不同的问题。也正是如此，我才养成了"经营者观全局"的商业思维和解决各种问题的高效工作法。

在台积电工作的十年里，我也获得许多殊荣，例如：我曾获得过台积电"师铎奖"（每年好几百位内部讲师中仅二十多位获奖）；我曾经代表部门，参加台积电"持续改善活动竞赛"，获得第一名的殊荣（每年近千个项目，仅三个项目可获得第一名）；我更荣获台积电最重要的奖项之一的"台积电卓越工程师奖"（当年全公司约35 000名员工，每年仅有约五位获奖）。

我在台积电学到许多提升组织效率的管理思维和具体方法，也养成了扎实的工作实力，这段时间的淬炼让我的人生更加精彩。台积电给我六个"重要养分"：愿景要大、承诺、创新、持续改进、实事求是与不断学习，这也是台积电的"DNA"。从进公司到离开将近四千个日子，这六个原则，就是我处事的准则，久而久之也成为我的"DNA"，对我的人生和后来的创业历程产生了极大影响。

离开台积电后,我继而担任企业讲师兼顾问。看到很多中小企业面临营运效率不佳、持续改善不到位,以及组织内部无法进一步培养人才等问题,我把当年在台积电学到的工作方法与管理思维拿出来,用以协助这些企业。客户的反馈都非常积极,接受我的顾问团队辅导的企业,几年后整个组织的能量和企业文化都有脱胎换骨的感觉。

我在授课过程中也认识了很多职场人士,他们学习我的问题分析与解决方法、管理哲学、有效提升工作效率的方法等,也有不同程度的成长。

我想通过这本书把我在台积电学到的经营思维和工作技巧,再加上这几年的授课与辅导经验,一并分享给广大职场人士。只要领受、读懂、学会这些技能与管理思维,我相信人人都可以成为高效率的工作者。这本书可以帮助读者培养商业思维,把眼界提升到企业家的高度,综观市场全局。另外,学习有逻辑、有次序地分析问题,更能让你成为职场的解决问题高手,不会被任何问题难倒。

我要感谢在台积电工作的那段时光,所有协助我的领导和同事,没有他们的"养分灌溉",我就不会有现在的成就。离开台积电后,我与品硕创新团队的其他顾问一起辅导企业,协助企业成长。在此,我要感谢顾问团队的每一个人,尤其对侯安璐老师在工作中给我的大力协助与指引表示万分感谢。

最后也是最重要的，我要感谢家人的支持，没有他们的支持，我就无法实现担任企业讲师的梦，谢谢你们。另外，我想把这本书献给在天堂的奶奶。当年在台积电上班，有一段时间因为工作得太晚，我常住在竹南镇的老家，奶奶每晚都会等我下班回家才肯入睡，我非常怀念那段时光。

目 录

第一部分　重置你的商业思维

第一章　四种能力，养成高弹性的商业思维 / 3
第二章　三种管理手段，训练整合性思维 / 11
第三章　从顾客关系管理看经营思维 / 19
第四章　改变僵化思维，决策更有弹性 / 29
第五章　永不满足的思维，营造持续改善文化 / 37
第六章　从部门名称看懂企业转型的关键 / 45
第七章　企业"核心价值观"的虚实 / 53
第八章　团队的共振效应 / 63

第二部分　高效、高准度的不败工作法

第九章　从小问题看事实的全貌 / 69
第十章　超实用的 8D 问题解决法 / 75
第十一章　厘清思考的 3×5Why 解题法 / 83

第十二章　三个步骤，解决"人的问题" / 89

第十三章　滚动式修正和动态解题 / 93

第十四章　会议即战场，有准备才能不吃亏 / 97

第十五章　开会被问"倒"，绝不能说"事后回报" / 109

第十六章　七个问句，有效提升提问力 / 115

第十七章　把握帮助他人的好机会 / 125

第十八章　公平的考核是否公平？ / 131

第十九章　升迁的五种能力 / 137

第二十章　设计有激励成效的考核制度 / 145

第二十一章　"变"是常态，调适为上 / 151

后记　给正年轻的你 / 161

第一部分
重置你的商业思维

第一章 四种能力，养成高弹性的商业思维

商业思维是职场人士应具备的能力

我们先给商业思维下一个定义。以我的观点，商业往来是一种"赚钱的方式"，企业要存续就必须不断赚钱，这个观念其实非常简单。让企业保持获利、持续走在进步的路上，有前瞻性的策略、谋划，就是商业思维。我们要不断地看这条商业"道路"的前方，不能被自己的眼界所局限。也就是说，除了解决问题，商业思维是所有职场人士都应具备的专业能力。

不同的职位需要不同的商业思维，培养的方式也不同，但目的都是让公司和自己更好、让获利和收入更稳定。以工程师来说，工程师的职责是以自身的专业技术和知识解决公司遇到的难题。但我总会建议他们，不要只做自己负责的项目，也要在工作中培养自己的商业思维。

简单来说，我们做任何工作都不能只顾眼前，必须了解维持公司经营的商业思维，如此一来，思考才不会局限于单一方面。

我的商业思维主要是在成长与工作的过程中养成的，我相信

第一部分
重置你的商业思维

商业思维是每一位职场人士都应具备的能力。下面我从四个观点来说明商业思维的重要性。我以工程师为例，但你不必一定是工程师。这个概念适合任何职场人士。

1. 更了解自己的工作，从宏观的角度看待自己的工作

养成商业思维，可以让工程师从宏观的角度看待自己的工作，了解这份工作的市场价值，进而产生成就感和使命感。

比方说，有些工程师可能认为自己是生产线上的"螺丝钉"，但若认定自己是飞机材料生产线上"最关键"的一颗螺丝钉，工作的意义就会显现，使命感进而就会产生。

2. 从商业角度，了解自己的工作对公司的影响

工程师从商业思维出发，可以看出自己的工作对公司的影响，并能站在老板的立场，用相同的语言和他对话。

想象一个情境，今天有两个产品要报废，一般工程师很可能就直接处理了。但商业思维可以让你看到产品报废对公司财务指标的影响。例如，两个产品报废共造成400万元的损失，可能会稀释本月每股获利0.002元。这样，你就能更好地理解产品报废的严重性。

3. 看清局势

在职业生涯选择上，商业思维能让工程师对市场的敏锐度更高，预知未来环境的变化趋势，提前做好准备。在一家公司工作，你就是公司的一员，所以千万不要局限在专业工作上，不关心公司的营业收入与财务状况，只懂自己手头的工作，甚至连公司的资产快被掏空了都不知道。

当公司遭遇危机时，有商业思维的人往往会最先察觉，因为他能从大环境中发觉问题，进而想好自己的退路。就我的观察，很多不具备商业思维的工程师，在工作上都"唯专业论"，非常固执，也很难沟通。当公司需要裁员时，这些人往往会被优先考虑，因为他们不懂如何通过降低成本帮助公司节省支出、获取更多的利润。

当你具备商业思维，工作时就会注意到更细节的问题。比方说，从公司的财务报表或与主管的交谈中，你得知公司年营业收入为3 000万元。那么，这3 000万元中，固定成本有多少？每月给付的薪资有多少？当中毛利润又有多少？

你算完之后也许会发现，公司赚得很多，但分配给员工的股票与薪资很少，这代表什么？这可能代表老板比较吝啬；相反，假如算出公司赚得不多，但员工福利很好，也许代表老板很大方。你可以在脑中仔细计算这些细节，得到别人都没有的信息。拥有商业思维会让你的思考更多元化，不只是考虑一个方面，了解公司的经营状况，会帮助你看清自己身处的环境。

4. 胜任管理岗位与创业的必备技能

如果你将来想从事管理岗位或选择创业，就必须具备商业思维。管理者可能经常与客户、老板开会，从商业角度分析局势，商业思维是他们的共通语言。

高层主管的谈话，几乎没有你在工作上常听到的技术、专业用语，他们总是在谈市场信息、客户导向、营业收入、成本分析等，都是从公司经营角度看待问题与决策。

如何养成有弹性、"应万变"的商业思维？我建议先要培养四种能力：产品思维能力、市场思维能力、财务思维能力和竞争者思维能力。

养成高弹性的商业思维

1. 产品思维能力

所谓产品思维，是指清楚了解自家产品，不单只是看得见的产品，而是这个产品在"市场的样子"。例如，你做的产品是芯片，就必须知道芯片用在哪里，可能用于笔记本电脑、手机，也可能用于家电。

知道芯片的用处后，你就必须了解芯片的上下游供应链，例如使用这个芯片的手机用什么面板、配备什么软件。接着，你可以再去研究这个产品的优缺点。了解这些关于产品的知识，会帮助你知道自己在做什么，不会让你的思维局限在"我只是生产芯片的工程师"。

2. 市场思维能力

产品被生产出来的最终目的是满足市场需求。因此，除了要思考产品层面的内容，也要思考市场层面的内容。这不是要求你潜心钻研营销与市场运营，而是要求你至少要了解市场的趋势与变化。

以生产芯片的工程师为例，可以试着了解未来智能手机的市场增长率。使用自家芯片的品牌，市场占有率如何？近几年是增长还是下滑？这些趋势和相关资料在互联网上很容易搜集。

接下来，你可以进一步探讨这些数据背后的意义。例如，当你发现使用自家芯片的手机，每年销量都是以20%的速度增长，市场需求增加，就代表公司未来营业收入可能大幅增长，就看自己的公司能否在未来几年提高产能，以满足市场需求的增加。

3. 财务思维能力

"科技大厂"的员工都要有成本概念，有些公司会专门开设相关课程让员工进修，这门课通常是"非主管级的财务课"，专门教授员工看懂公司的三大财务报表（利润表、资产负债表、现金流量表）。当然，员工可自行决定是否选修这些课程。

试想，如果一个工程师了解公司的财务报表，就能用公司经营的语言来思考。他可能会想：公司上个月营业收入不错，根据财务报表显示，下个月还有20%的增长空间。那他的脑海中自然会浮现公司的发展愿景，进而产生责任感，因为自己的工作会在一定程度上影响公司的营业收入和成本。

然而，并不是每个人都得努力钻研公司财务报表，我强调的是"财务思维能力"的重要性。我建议每位职场人士都应该了解财务报表里两个非常重要的概念：成本和营业收入。

我在企业授课时，常会问该公司的员工是否清楚公司的成本结构，是人力成本高，或是固定成本高，还是变动成本高？我也会问他们，知不知道公司月营业收入是多少？毛利润是多少？EPS（Earning Per Share，每股收益）是多少？甚至再深入一点问，跟去年相比是增长还是下滑？员工越了解成本结构，就越知道如何降低成本，增加公司的营业收入。

养成财务思维能力后，你就可以更好地了解老板的想法。例如：公司有岗位空缺，站在员工的角度，当然希望多一个人分担工作量，但站在老板的角度，多雇用一个人，就需要增加人力成本。那么，就该考虑雇用人员后，公司的营业收入是否能有相应的增长。

4. 竞争者思维能力

最后一个也是最重要的思维能力，那就是"竞争者思维能力"。例如我刚工作的时候，主管常会问我："我们的市场占有率是多少？对手市场占有率是多少？我们想超越竞争对手的话，该怎么做？"

凭良心说，当时刚进业界的我根本不知道同业竞争有多重要，自己的事都做不完了，哪有时间想竞争对手的情况。

但是主管的问题其实是要刺激我们不断思考，考虑各种可能性。这段工作经历在无形中训练了我的商业思维。

商业思维是一种思维方式，也是一种能力，我希望每一位职场人士都可以从产品思维、市场思维、财务思维与竞争者思维四个方面着手，培养自己的商业思维。一旦具备商业思维，你就能拉近与高层主管的距离，看待事物的角度会更宽广，公司也会因你的提升而变得不一样。

第二章 三种管理手段，训练整合性思维

许多工作积极的人会主动找问题改善，但多数可能都是单点改善。不是单点改善不好，只是对公司整体来说，这样的改善效率太慢、竞争力不够强。有时单点改善后，我们才发现真正的问题不在这个地方，而在另一个地方，那就会发生"今年改善这个，明年改善那个，后年改善另一个"的情况，为了解决这三个地方，可能要花费三年时间。

我们先要有"解决问题，不是时间问题"的认知。"问题早晚会解决"，听起来只是时间问题，但严重的是，我们可能找不到有关联的所有问题点，所做的改善更无法提升公司的整体价值。因此，制订能够一次性解决问题的"整合性解决方案"是绝对有必要的。

我举一个例子解释"单点改善"和"整合性解决方案"。在新产品开发流程中，有同事发现调查客户需求的表格写得不是很清楚，以至于"前端业务人员常花很多时间和客户来回讨论，厘清需求"。这是需要解决的问题，因此研发人员与业务人员想成

立一个项目组,改善这个问题。

同一家公司的制造部门也在新产品开发流程中发现,当新产品数量增加时,良率并不高,需要跟研发人员来回讨论,因此制造部门也想成立项目组解决问题。

以上都是单点问题,如果想解决整个新产品开发流程,就是一个"整合性方案"。因此,应该成立一个新产品开发流程项目组,从调查客户需求到制造流程,全面梳理"新产品开发流程"及后续作业。这听起来可能很复杂、很困难,但如果解决这个问题,整个新产品开发流程需要的时间,可能从原本的60天,大幅缩短到只要40天。这样的改善幅度,就能为公司带来竞争力。

这是一种"整合性的管理思维"。我们在解决问题时,尽量不要从单个问题点着手,应该思考如何解决全面性问题。

这几年辅导企业,我喜欢运用三种管理手段,有效解决整合性问题。

培养流程再造专家

如果是大型公司,可以设立专门的"流程再造部门",这个部门内每一个人都是流程专家。中小企业可能很难成立这样的部门,但也许可以培养几位流程再造专家,专人专职负责,只要跟跨部门流程有关的问题,都可以统一由这个部门或专家负责整合。

简单来说,这个部门专门负责执行跨流程、跨功能的项目,例如：新产品开发流程横跨多个部门，因此就可以由流程再造部门成立一个项目组，召集所有相关成员共同解决新产品开发的流程问题。又例如："订单旅行流程"，很多公司会出现项目"踢皮球"的情况，项目中的不同环节，有人觉得是业务部门负责，也有人说是制造部门负责，还有人认为是生产管理部门负责。只要是跨部门、跨单位，流程长又烦琐的项目，都可以纳入流程再造部门，从流程的角度全面梳理，找出更好的整体解决方案。

其中应用的技巧，就是企业流程再造的方法和工具。根据这几年辅导与授课的实务经验，我把企业流程再造（Business Process Reengineering，BPR）架构成新的方法论，简称"企业流程再造五大步骤"。我们的顾问团队近期协助一家公司，让他们的新产品开发流程整整缩短了30%以上，用的方法就是企业流程再造五大步骤，如图2-1所示。

简单来说，这套方法就是找出公司内部有待改善的流程，然后画出流程图，简称"As-Is流程图"。此时，相关部门要一起讨论，实际了解这个流程作业目前是怎么做的、有哪些步骤，再根据现况，探讨存在哪些问题。如果后面发现问题非常多，这个时候就要根据这些问题的具体情况，看看哪些可以优先处理、哪些可能还要额外成立项目组解决。最后，可以根据这些问题开展"头脑风暴"，思考解决方案。解决问题后，就会产生创新改善后的"To-Be流程图"。比较As-Is流程图和To-Be流程图，

目标	寻找改善主题：公司的所有经营流程
As-Is[1]	现况分析：流程图分析、问题盘点（亲和图法[2]）
问题	流程原因分析：Why-Why 分析[3]、根本原因验证 PDCA[4]
To-Be[5]	流程改善与创新：创意的工具、标杆学习法、ECRSI 分析法[6]、试行
SOP[7]	流程管制与维持：控制计划、预防再发、管理、SOP、培训

图 2-1 企业流程再造五大步骤

你就会发现改善后真的省了非常多时间，步骤也少了很多，流程也会比较顺畅，这些都是流程再造的成果，如图2-2所示。

技术岗位的主管承接整合性项目

大公司内部的管理岗位一般来说分成两种：一种是管理岗位的主管，需要管人；另一种是技术岗位的主管，不需要管人，主

---

[1] As-Is，意为按照原有的样子，指不做修改或改进的情况。
[2] 亲和图法是全面质量管理的新七种工具之一。这是将处于混乱状态的语言文字资料，利用其内在相互关系（亲和性）加以归纳整理，然后找出解决问题新途径的方法。
[3] Why-Why分析法，也就是5Why分析法，又称"五个为什么"或"五问法"。这是对发现的现象连续进行多次思考的动作，并验证其原因是否成立，然后对真正原因做有效应对的一种方法。
[4] PDCA是计划(Plan)、实施(Do)、检查(Check)、行动(Action)的首字母组合。在质量管理活动中，要求把各项工作按照做出计划、计划实施、检查实施效果，然后将成功的纳入标准、不成功的留待下一循环去解决。PDCA是质量管理的基本方法，也是企业管理各项工作的一般规律。
[5] To-Be，意为即将变成的样子，指经过修改或改进以后的情况。
[6] ECRSI分析法是工业工程中程序分析的五大原则，用于对生产工序进行优化，以减少不必要的工序，进而提高生产效率。ECRSI是取消（Eliminate）、合并（Combine）、调整顺序（Rearrange）、简化（Simplify）和创新（Innovation）的首字母组合。
[7] SOP意为标准作业程序（Standard Operating Procedure）。

第二章　三种管理手段，训练整合性思维

As-Is 流程

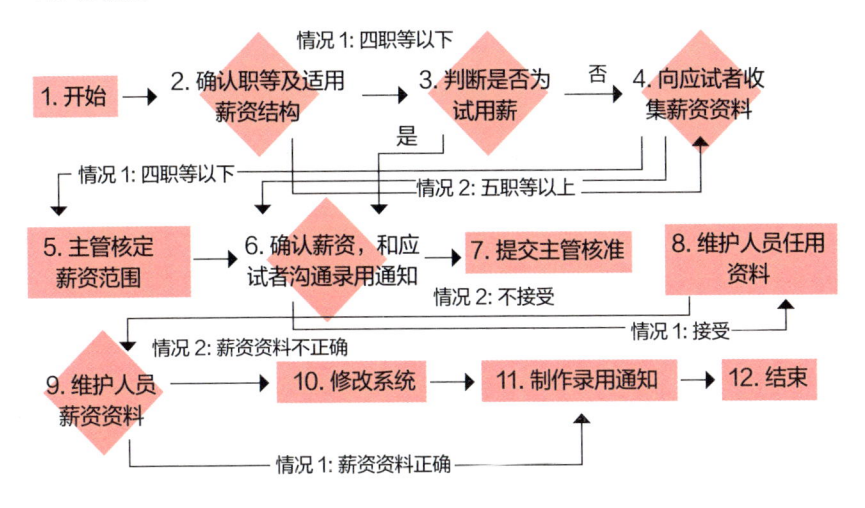

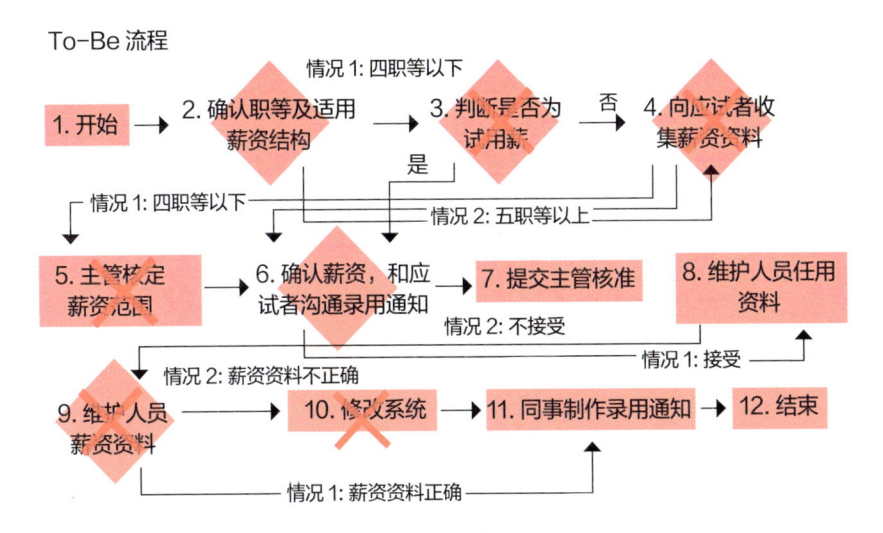

```
1. 开始 → 2. 确认职等及适用薪资结构 → 3. 判断是否为试用薪 （情况1：四职等以下）
         → 否 → 4. 向应试者收集薪资资料
         → 是
情况1：四职等以下
情况2：五职等以上

5. 主管核定薪资范围 → 6. 确认薪资，和应试者沟通录用通知 → 7. 提交主管核准 → 8. 维护人员任用资料
情况2：不接受
情况1：接受

情况2：薪资资料不正确
9. 维护人员薪资资料 → 10. 修改系统 → 11. 制作录用通知 → 12. 结束
情况1：薪资资料正确
```

To-Be 流程

```
1. 开始 → 2. 确认职等及适用薪资结构 → 3. 判断是否为试用薪（情况1：四职等以下）
         → 否 → 4. 向应试者收集薪资资料
         → 是
情况1：四职等以下
情况2：五职等以上

5. 主管核定薪资范围（划除） → 6. 确认薪资，和应试者沟通录用通知 → 7. 提交主管核准 → 8. 维护人员任用资料
情况2：不接受
情况1：接受

情况2：薪资资料不正确
9. 维护人员薪资资料 → 10. 修改系统（划除） → 11. 同事制作录用通知 → 12. 结束
情况1：薪资资料正确
```

12 个步骤变成 7 个步骤，新进人员薪资核定作业时间减少 40%，从 5 天缩短到 3 天

图 2-2　流程主题：新进人员薪资核定作业流程

15

要工作职责是项目改善。部门中重要且大型的项目,我建议可以请技术岗位的主管执行。

当公司不断成长,整合性项目或跨功能性的项目会变多,有些是持续改善项目,有些是创新型项目,还有些是从没做过的项目。如果技术岗位的主管每年都在做项目,项目管理的技巧就会更熟练,跨部门沟通与向上管理也会更得心应手,项目成功率会更高。

如果公司内有10位技术岗位的主管,平均每人每年做一两个项目,那么公司一年内的大型整合项目就有10~20个,这样的项目整合能量很惊人。这还不包含其他人员做的项目数量。

项目小组解决整合性项目问题

为了达成公司的年度目标,公司内每年总需要执行一些整合性的项目。我建议主管成立项目组,项目组成员由主管指派,除了每天例行工作以外,其余工作就是推进、执行项目。项目的发起人通常应为高层主管,发起人要定期开会、定期审查,确保整个项目能够成功。我曾常常辅导大型整合性项目,就我的观察,能够参与这种大型整合性项目,会让项目组成员收获良多。他们可以借此机会看到问题全貌,在解决整合性项目时,也能与高层主管共同开会交流。参加过这样的项目,员工才会明白单点改善的效率实在是太慢了,唯有创造更多整合性项目,才能提升公司的竞争力。

中小企业的规模并不像大型企业那么大,整合性问题可能也没那么多,但无论如何,公司都必须培养整合性人才,这样才能有效联结部门与部门、员工与员工,借此机会以团队合作的力量提升公司的竞争力。时代的进步超乎我们想象,公司在做项目改善时,不能只做小改善或单点改善,每年都应该有大型整合性项目,才能应付未来的各种难题。

第三章 从顾客关系管理看经营思维

价值销售的三种思维

常去菜市场买菜的人，一定都听过"买菜送葱"的道理。虽然葱的成本可能很低，也可能葱的成本早已计入菜价中，但这种"买几样菜，就送两把葱"的做法是很讨顾客喜欢的。很多人认为，买到价钱合理的菜，又多得了两把葱，既买到又赚到，心情当然好。

再举一个例子，我相信很多人都有去市场买肉炖汤的经验。天冷的时候喝一碗热汤感觉真的很幸福，想喝一碗能让人幸福的汤，你却不一定会炖。你可能会问肉摊老板："请问鸡肉买回去，怎么炖汤比较好喝？"于是，老板很可能会教你怎么炖最好喝，甚至会拿一包中药送你，说："只要你买我们家的鸡肉，再加上这包中药，炖出来的汤铁定好喝。不好喝的话，你来找我，我退钱。"

这些菜市场上的讨价还价、买卖话术，以专业术语来说，就是所谓的"价值销售"。把客户的注意力由产品价格移转到产品价值，然后向客户不断提供有价值的服务，进而达成销售目的。

当客户不断要求降价，我们就要更努力推广产品价值，价值销售有三种思维。

1. 价值销售模式

曾有客户说我们公司的产品太贵，希望能降价，否则就不买了。我就以价值销售模式计算给他们听，客户最后仍选择接受我报的价格，直接买下产品。

简单来说，价值销售模式是假设我们的产品报价是10元，竞争对手是5元，听上去我们的产品卖得比较贵，但如果加上附加条件，结果就不一定了。

例如，我们的产品质量水平比竞争对手高5%，我们服务的响应时间比竞争对手快了一天，我们的产品交货期比竞争对手快20%。因此，结合质量、服务的响应时间、交货期三个方面，计算出费用，然后加到我们原本10元的售价上。算出来之后，其实我们应该要卖20元，但是现在只卖给客户10元，这会让客户感觉"赚到"了。

虽然我们的报价比竞争对手高，但是我们提供的各项服务都是客户在意的，因此客户还是会接受我们的报价。所有人都希望有更高的产品质量、更快速的服务响应时间，以及更短的产品交货期，这就是价值销售模式。

产品价值销售模式的阶梯图，如图3-1所示。从这个图上可以看出，假设有一个产品在市场的平均价格是50 000元，我们公司产品的价格为60 000元，卖得比较贵。但是我们公司产品有高的产品良率、快速的交货期以及优良的品质，如果把这些因素加进售价，其实我们公司产品的价格应该是78 000元，但现在只卖60 000元，其实是很便宜的。

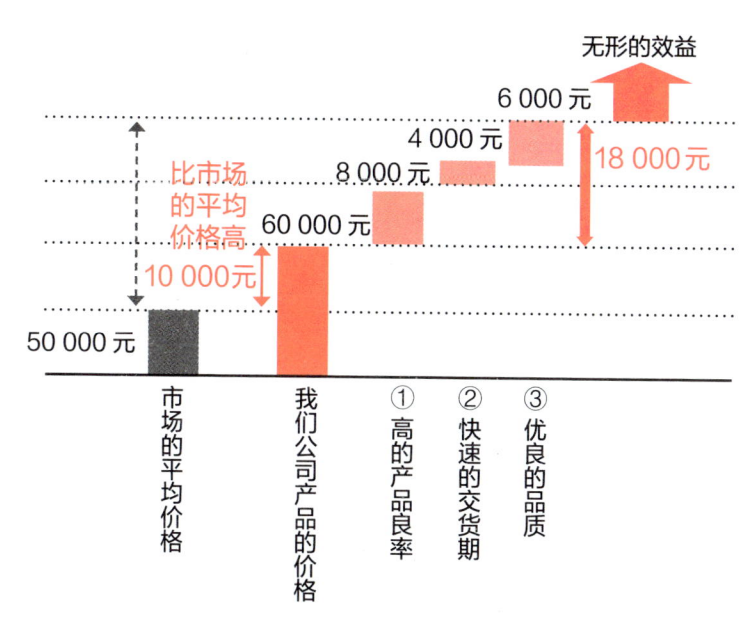

图 3-1 产品价值销售模式的阶梯图

还有一种无形效益不太好计算，那就是我们比竞争对手的服务更好，我们针对每一个客户都有专人专属的服务。因此，和我们交易真的不算贵。这就是常用的产品价值销售模式。离开台积电后，我也常用这样的阶梯图讲授价值销售，当中有很多价值性的观念需要公司内部不断改善和创新。只有这样，产品的价值销售才有意义。

此外，有一点很重要：价值销售不能是"王婆卖瓜，自卖自夸"，自己要把价值说出来，更要让客户感受到这样的价值。

2. 系统模拟器

客户挑选产品时会仔细计算成本，如果把台积电想象成是卖晶圆与光罩的，其中晶圆有不同的尺寸，光罩也有不同的尺寸。因此，从广义来看，台积电就有很多产品组合。

因此，只要客户说出基本需求，我们就会通过一个系统模拟器汇总整合出适合客户的产品组合。针对每一种产品组合，我们还会将其优点是什么、缺点是什么告知客户，站在客户的角度协助他们找出最有价值的组合，同时减少客户摸索的时间。

我做个比喻，这有点像是挑选火锅底料，无论你想吃什么料，汤底要辣的还是偏好清淡的，我们全都包装好，你只要说出自己的需求，我们就会端出一盘最合你胃口的组合。如果你觉得这桩买卖很划算又省事，你一定会来第二趟、第三趟……我们就能跟客户很紧密地保持连接。

3.成本的持续改善项目

因为很多企业的客户每年都会提出降价的需求,所以我建议企业产品的售价每年都有一定的降幅。但企业为了保证一定的毛利润,必须把"售价降幅"当作"公司内部成本降幅的目标"。这是什么意思呢?

例如:有一个产品售价降低了3元,这3元的降价就会侵蚀公司的毛利润。因此,公司的项目改善就会将3元设定为成本降低的目标,而且务必要达成。如此一来,公司每年的毛利润就能维持在一定水平。因此,每年成本项目的目标就要对准售价降幅,一旦成本的改善降幅比售价降幅大,公司的毛利润就会比之前更高。因此,成本的持续改善项目就成了公司内部的"DNA",达成价值销售双赢的目标。

当向客户出售比市场价格更高的产品时,我们要不断问自己:我们能提供什么价值给客户?客户愿意为这个价值服务买单吗?竞争对手也有这个价值服务吗?这个价值有独特之处吗?当你不断提出价值思维主张时,就会激发不同角度的思考,只要产品具有独特价值,客户就不会觉得贵。

以上三种价值销售思维,除了适合企业之外,也适合每一位创业者。凡事以客户为导向,协助客户解决痛点,提升企业或自己的价值。当这个价值达到一定门槛,竞争对手就很难跨越。视客户的竞争力为企业的竞争力,客户的成功也是企业的成功,这就是"共好"的境界。

培养不变心的客户

"嫌货才是买货人",这句话真有学问,可以完美诠释为什么客户总是会变心。你想赚,客户也想赚;你想省,客户当然也想省。与其花时间深究客户变心的原因,不如好好反思自己,你若是"宝",客户当然抢着要。

因此,我认为"先让自己更好"很重要,这是让客户不变心的第一步。我也相信每位职场人士都希望提升专业能力、提高工作效率,让自己的努力被看见,进而有升迁或加薪的机会。

曾有一位朋友找我聊天,他感慨自己工作了十年却没什么成长,请教我的看法。我问他:"你每年都有针对自己的工作表现自我复盘吗?有没有请教主管平常如何看你?有没有询问同事对你的看法?有没有问客户怎么看你?"从这些不同的方面开始,我建议他每年做一次复盘和反省,然后通过回馈与自省,了解自己需要改进的地方,可以把自己的弱项或还有成长空间的部分作为下个年度的工作目标,持续精进。

这位朋友说自己从来没有固定反省和复盘,每天就是上班下班、上班下班,最多偶尔参加公司举办的企业内训,就这样过了十年。我衷心建议他,要想在职场有所成就,就必须不断针对自己的工作与目标,每年定期复盘、反思检核,不断精进。

说到这里，我不免产生疑问：个人如此，那么企业也一样吗？一家企业真的可以一成不变吗？

大家可以想想看，目前自己所在的公司，有没有每年针对整体经营情况，通过管理机制做复盘？这些管理机制，有没有从不同方面、不同角度来思考？我相信每家公司、每个部门或多或少都有改变，只是做得不够全面，无法触及多个方面，甚至有些机制沿用多年。

我们不可能用旧的产品或服务持续赢得新时代消费者的青睐，看得见的产品需要持续推陈出新，做事的思维也是如此。

就个人观察，企业经营改善有两个重点：外部客户稽核和年度客户满意度调查。这两件事背后的管理思维，正是企业提升竞争力的主要推动力。

1. 外部客户稽核，强化经营效率

多数公司听到客户来稽核，都是"剉咧等"[①]，因为客户每来一次，光是事前工作就几乎要让公司"人仰马翻"，准备一堆资料，事后又有做不完的整改报告。因此，很多企业都希望客户来稽核的次数越少越好，甚至希望客户不来稽核。

但有能力的企业并不怕客户稽核，因为正好可以通过外部客户的稽核经验，强化自我经营效率，也能让企业和客户建立起信

---

① "剉咧等"为台湾地区方言，通常指做错了事情，很害怕地等着。

任机制。

我建议企业内部最好有一个专责部门负责客户稽核工作。每次客户来稽核前，都要事前预演，这样有利于成功通过客户稽核。

虽然客户稽核是一件很烦琐的事，但从另一个角度看，企业也能通过客户稽核，看到自身看不见的管理盲点，有时甚至能得到客户的改善方法建议。每一次客户稽核对公司来说，都是一次很好的经营"体质"检查。一旦客户提出建议，公司内部也能通过项目进行改善。

如果企业想在内部推动项目，也可以通过客户稽核的方式，以客户的力量驱动公司解决。

从正面的角度看待，客户稽核既可以服务客户，又可以让企业与客户维系牢固的伙伴关系，更可以通过稽核取得客户信任，还能够持续改善企业的经营"体质"。

2. 年度客户满意度调查，提升客户忠诚度并促进业务增长

公司的存在是为了服务客户，客户绝对是公司的重要伙伴。没有客户，就没有公司。因此，客户的声音，如何服务客户、满足客户需求都是公司很重要的创新、改善元素。客户满意度调查是为了确保客户满意度和充分理解客户需求。我建议这项工作最好委托中立的第三方顾问公司调查。

客户满意度调查分析报告应包含以下内容：为什么某些项目的满意度较低？为什么某些项目的满意度较高？满意度调查也要和竞争对手比较，做出差异分析，同时也要调查佐证资料，让资料"说话"。

企业应该定期检视、分析客户意见，并提出适当的改善计划，形成完整的"客户满意度处理流程"。我坚信提升客户满意度，最终会提升客户的忠诚度并促进公司的业务增长。

简单一句话就是：懂得平时好好待人，对方自然会有善意回馈。

我时常听别人问："你真的懂客户需求，知道客户在想什么吗？你真的知道客户说的跟做的不一样吗？"根据我的观察，很多公司都说自己是"客户至上"，但实际都是"利己主义"先行。因此，我建议企业必须明确设定管理机制，符合"客户至上"的企业核心价值观。这样才算做到持续改善，同时也能使经营"体质"不断增强。

第四章 改变僵化思维，决策更有弹性

面对问题时，我们是不是常常无法跳脱框架，被现状或过往的思维绊住？我们也可能因为害怕改变，无法倾听不同的声音和建议，所以无法有效解决问题。如果每个人在解决问题时，都可以从全局的角度俯瞰，站在经营者的角度思考解决方案，其实大多数问题都能得到妥善解决。

我的角色是顾问，"解决问题"被我这么一说，听起来很容易。不过当你实际遇到困难，觉得自己想的办法"可能解决问题"时，其实你就突破了。

我先分享一段小故事。有一家"科技大厂"的产品在国际市场很受欢迎。这家公司的总经理每年都会交办几个项目，委托团队共同解决。其中一个团队负责解决产能问题，只要这个问题解决了，公司单位时间内的产能就会放大，只要产能放大，公司就可以获得更多的营业收入，所以这个项目对总经理而言非常重要。

该团队认为，提升产能最大的限制是"加工条件张力太

大"。团队思考的对策是"安装传感器",他们认为只要安装传感器,就可以根治问题。事实上,这样可能吗?

有人认为,如果觉得热,开冷气就能解决问题。但很多时候,问题并不是添购一项设备、打开一个开关就能解决的。我们想想看,就算安装传感器,还是会发生加工条件张力太大的问题,只是发生问题时,可以实时被传感器发现从而让设备停止运行,让问题不再扩大,不会增加损失。但是,根本的问题——"加工条件张力太大"解决了吗?这个对策不是解决方案,只是"暂时防堵对策"。为什么他们会有这样的思维?

项目人员在思考对策时,脑海中可能会想出很多对策,但大脑马上会思考对策的可行性,一旦大脑判断对策不可行,这个对策就会被过滤掉,过滤掉的对策会永远消失、不再出现。最后,项目人员只会思考自己认为"可以做到"的对策,这就成为他们解决问题的唯一方式。很多时候,所谓的"急中生智",其实只是我们从很多想法中选择了一个自己认为可行的办法而已。

面对问题时,若无法跳脱这样的框架,被现状或过往的思维绊住,就无法从根本上解决问题,我们就会有"永远处理不完"的问题。

那么,如何解决上述"加工条件张力太大"的问题,同时又能跳脱框架,不被现状或过往的思维束缚呢?我们来看看实际推演的过程。

天马行空、释放创意

大家先可以花几分钟，想想有什么样的"永久性对策"能够彻底解决这个问题。

"你们先不要思考解决方案可否实施，因为有时候在你看来不可行的对策，在主管看来可能是可行的，今年不可行的对策不代表明年不可行。"在团队成员准备思考永久对策时，我先给他们几个准则。

我建议大家站在真正解决问题的角度，尽量"天马行空"地思考，把不合理、不可能的对策都考虑到。

一般来说，解决一个问题要能想出五个以上的对策，再考虑各个对策目前的可行性。如果一开始就过滤想法，那么这些想法就会从此消失。你永远不知道某些团队成员的脑海中，其实曾出现过真正能彻底解决问题的方案。

接下来，我让项目成员实际讨论，让每一个人思考什么样的永久对策可以彻底解决问题。大概十分钟，他们就想出了五个对策，而且这五个对策都是之前从没想到过的。他们很惊讶，调整思维格局后就能够在短时间内想出这么多解决方案。

其中有一个对策不仅能彻底解决问题，而且能落地实施，团队最终解决了根本问题。日后遇到相同问题的团队如果仿效这套做法，无疑是企业持续进步的最大推动力。

只是改变思考角度，就可以想出那么创新、彻底的解决方案。这个故事不是凭空想象的，日后如果你遇到相同的状况，不妨试一试，别被现状或过往的思维束缚。说不定你认为无法实施的方法，正是主管想执行的呢！

最后，我归纳改变思维的四个重点，供大家参考：

① 解决问题所想的对策，有暂时对策、永久对策，只有永久对策才能彻底解决问题。

② 思考永久对策时，要先发散。针对一个问题，尽量想出不少于五个对策，接着再讨论哪些对策可行。

③ 思考永久对策时，尽量从可以彻底解决问题的角度思考。你觉得做不到的对策对主管来说或许是可行的，未来也可能有机会做到，不妨大胆提出。

④ 思考永久对策时，尽量"天马行空"，不合理、不可能的对策都要纳入思考范围。

改变思维，从"不二错"开始

相信大家一定听过"不二错"这个概念。在台湾长大的人，绝大多数都有死命拼考试、努力升学的经验。有些人是天生"学霸"，很会考试；有人从小就不喜欢念书，考试分数当然也不理想。还有一种人，每次考试都考得不理想，但他习惯彻底弄清楚每次错的题目，当类似题目再出现时，他会要求自己不要犯同样的错误。

我的儿子从初中开始就经历了很多考试,因此我常提醒他:考试分数出来后,一定要把不懂的题目彻底弄清楚,尽量做到"不二错"。起初他听不进去,但是久而久之,当他发现很多题目重复出现,没搞懂的题目每次都会继续错的时候,就会感到懊恼。此时,我会不断给他灌输,考高分的思维就是"不二错"。一旦有了这样的思维,我相信在工作或生活上,都可以不断精进,还可能让自己以惊人的速度成长。

我们想象一下,拥有"不二错"管理思维的个人或企业,几年后与其他同行比起来会有什么差异。我可以肯定地说,那就是成功或失败的差别。我一直相信,改变僵化思维带来的爆发力非常强大,我更相信一家成功的企业一定有他人无法企及、独到的思维"弹性",才能扮演"领头羊"的角色。

公司做好准备了吗?

转型是人为的决策,势必需要人为的操作和执行。公司员工做好转型准备了吗?公司以转型为前提招聘合适的人才了吗?或是说,公司为了适应转型而调整人力资源配置或拿出具体做法了吗?根据这几年我在各大企业体会到的不同经验,我以IT部门的管理思维演进,和大家谈谈数字转型与智能化的进程。

第一部分
重置你的商业思维

1. 信息科技人数比值

信息科技人数比值指的是信息科技人才数量占全公司人员数量的比值。其背后的思维是，如果公司需要自行管理信息系统、维护信息系统，甚至需要自行开发某些信息系统，在一开始就要培养自己的信息科技人员，因此就要提高"信息科技人数比值"。乍看之下，这必须投入庞大的人力成本，但长远来看，效益其实很高。

科技行业另当别论，有许多中小企业口口声声说要系统化、自动化，但信息科技人数比值非常低。更可怕的是，很多老板总以为"信息科技"这件差事只要"敲一敲键盘"就能完成，这也让公司信息科技相关员工叫苦连天。就算公司将所有的系统全部外包，也需要一定数量的员工负责对接与维护工作。这几年许多产业推进数字转型或工业化4.0，需要的信息科技人才数量就更多了。

想想看，你觉得半导体公司信息科技人才占全公司人数的比值是多少？

我作为顾问辅导非科技行业的企业时，每当我问到这个问题，得到的答案普遍是1∶100，也有一些回答是1∶80。但在科技企业，这个比值大约是1∶30。也就是说，每30位员工中，就有一位信息科技人才。我们把人数放大来看，如果公司有30 000人，那就有1 000人是信息科技人才，这个数量是很惊人的。

其实，关于信息科技人数比值的好坏是没有标准答案的。我相信科技企业从创业开始，应该就很清楚公司要朝自动化、系统化、智能化迈进，因此20多年前，科技企业IT部门的人数就非常多。如果你觉得科技企业在信息科技这方面做得很好，其中一大关键正是这些企业领导者的管理思维。

2. 系统化、自动化的决策思维

在辅导企业时，我都会建议IT部门的员工必须熟练掌握系统性的问题分析与解决方法，因为写程序的人要了解客户需求，在写程序的过程中也可能遇到问题。比如，建立自动化的报表或监控系统，当中就会涉及人与人之间的沟通，而这些问题大多必须快速解决。因此，在解决问题的过程中，就会运用到逻辑思考能力及解决问题的工具和方法。

科技企业一定都有自动化生产管理系统，系统上有很多实时生产数据与自动化报表。任何东西，只要可以系统化，在管理上就会更实时、更有效率，也可以大幅减少人力负担。最重要的是，由系统监控，才有办法做到百分之百质量合格。

另外，在每个年度的解决问题项目里，我一定会要求辅导企业的IT部门员工也要参与改善，一方面可以让其他部门员工了解IT部门员工写程序的逻辑，另一方面可以让IT部门员工借此机会了解生产部门员工的术语和思维方式，之后写程序就会更符合其

第一部分
重置你的商业思维

他部门的需求。

虽然这是科技行业的例子,但其他行业也能做到,这就是我要强调的:转型的问题不是装一台机器、按一个开关就能解决的。思维有没有产生实际的作用,这一点非常重要,转型不能只是纸上谈兵。

我一直相信,思维改变带来的爆发力非常强大。因此,企业在思考转型时,不妨先检核自己的思维。任何转型绝不是嘴上说说而已,要做就要认真做,还得知道怎么做。例如:公司说要数字转型,是否在思维上先做到转型?因为思维不改变,任何转型都注定会失败。如果数字转型已是确定的方针,那么公司信息科技人才的比值,是否逐年提升?公司的员工是否具备"不二错"的思维?是否有持续精进解决问题的能力和工作技能?

这些思维检核点供大家反思。改变僵化的思维,公司转型才有机会成功。

第五章 永不满足的思维，营造持续改善文化

说到"持续改善"你会想到哪些公司？有人会想到台积电、鸿海，也有人会想到丰田……为什么你会想到这些公司呢？

这些企业之所以成功，我想最重要的就是"持续改善文化"。很多人说，十年磨一剑，我想这就是持续改善文化的最佳体现。成功并非偶然，是持续累积的实力造就而成的。

这几年协助企业建立持续改善的文化，我都会以"CIT活动"为重要支柱。CIT是指持续改善团队，这个团队的目的是改善公司的"体质"，增强竞争力。这是一个有系统且能持续不断改善的活动机制，不论是同部门或是跨部门，遇到问题时都可以找到相关的人员组成团队，进而解决问题。

目前，我带领的顾问团队核心任务之一就是协助企业导入并建立持续改善文化，以及推进组织变革。我在本章要和大家分享我们团队如何协助企业建立持续改善文化。

CIT活动，塑造团队企图心

细说CIT之前，我先讲一段故事。

这几年我一直想通过辅导，协助台湾中小企业重新塑造企业持续改善文化。曾经有一家有数百名员工的公司，在还没有找我们辅导前，公司没有导入持续改善的制度或系统性的解决问题工具。在我们辅导这家公司后，有一件令我印象深刻的事。

这家公司的一位新员工，先前在一家"科技大厂"工作数年，因为个人原因来到这家公司。不论是环境、办公室或是餐厅，这家公司都和"科技大厂"完全不同。听说这位新同事报到第二天就打电话给女友说，公司的环境跟他想象的不一样，他不知道自己会待多久，也许不久就会离职。

一个星期后，恰逢公司的CIT竞赛，部门主管邀请这位新同事一起参与。他除了感受竞赛紧张的氛围，也顺便观摩了其他部门如何做项目改善。

据说，他听完整场竞赛后，又打电话给女友，说自己很难想象会在一家中小企业的活动中看到同事们满怀热忱、团队如此有向心力。他说在这场活动中看到了团队的企图心，感受到过去未曾有的热情与氛围，因此决定留下来。

不知道大家对这个小故事有什么想法？我听到时，内心充满感触。因为持续改善需要时间，很难在短期内看出效果，除非公司坚持实施，长期下来才能产生强大的力量。台湾很多企业其实更看重短期效益，不太注重这种无形的东西。但这位新员工从内部实际感受到了持续改善的氛围，因此更愿意投入，和公司一起成长。

以下是我归纳的五个推动持续改善的重点，提供给读者参考。

1. 设置专人专职或部门协助推动

公司要推动任何活动，一定要有专人负责。有些公司是由质量部门来负责推动CIT活动的。CIT活动过程中的教育训练、质量改善与统计工具问题，都由这个部门负责协助。另外，CIT活动的成效和后续进展也由这个部门整理。

2. 建立CIT活动推行委员会

CIT活动推行委员会是由各部门主管担任委员，负责CIT活动的部门为执行办公室，并于各部门设置执行干事。

CIT活动推行委员会于每年底举行CIT审查会议，针对当年公司CIT活动推行成效进行复盘，并根据外部环境变化、评审建议、客户回馈及公司竞争策略，制订下一年度项目工作重点及目标。执行干事则按照年度工作目标，进行各单位CIT活动推行作业。

3. 建立机制，激励员工参与CIT活动

举办全公司性的改善案例发布会，通过跨组织的观摩学习，提升员工问题解决及创新的能力，并设立各类奖项鼓励表现卓越的员工。期望通过公开表扬的方式，激励员工积极参与CIT活动。

4. 设置CIT案例管理及经验分享平台

为了有效管理CIT案例，扩大经验分享的涟漪效益，我建议建设CIT活动注册管理系统及内部网站，供员工学习先进事迹。网站内容包括历届得奖优良案例、质量改善与统计等工具介绍，以及持续改善竞赛办法等。

5. 开设CIT相关课程

开设"解决问题""质量改善"等在线课程，要求所有参与CIT的成员都要上完规定课程，有些课程还会有线下课程。

另外，也要在整个企业的运作中，设置CIT领导者和CIT辅导员相关的培训实战课程。针对CIT辅导员，设计认证制度和流程，并聘请外部的专家讲师，来协助员工提升解决问题的能力。

当公司全面形成一个持续改善的文化，团队解决问题的能力就会不断提升，组织的整体竞争力会得到很大的提升，效益将是非常惊人的。

实际执行CIT

在刚开始，执行CIT最重要的事项就是选出项目题目，我们会提供一个遴选流程，这样才不至于把公司的资源投放在不重要的项目上。一般来说，遴选CIT的项目，可以遵循以下四大流程：年度会议、题目遴选、建立团队、委员会确认，如图5-1所示。

选择项目的成员是很重要的，公司内部应订立准则，为什么呢？因为公司推动这样的项目，其实也是在培养人才，所以不同目的的项目，项目成员的选定准则也会不同。以下说明两种遴选项目成员的准则：

（1）项目以培养人才为主。

① 寻找有潜力的员工；

② 愿意学习的员工；

③ 专业不错，想学其他技能的员工。

年度会议	· 选择公司/组织策略作为项目题目 · 从组织或部门KPI[①]寻找主题	题目遴选	· 以工作坊（workshop）的方式进行 · 参与者：各部门的主管与重要干部 · 选出组长
建立团队	· 组员寻找 · 组长需要完成CIT的报名程序	委员会确认	· 组长做简报 · 确认最后CIT题目与人员（电子签核系统）

图5-1 项目题目/团队遴选流程

---

① KPI，意为关键绩效指标（Key Performance Indicator）。

（2）项目以解决问题为主。

① 从各部门中挑出具备专业背景、符合该项目要求的人才；

② 曾经参与CIT的组员或组长；

③ 企图心强的员工；

④ 组长必须为主管或资深工程师；

⑤ 由组长来寻找组员；

⑥ 针对项目成员，组织应提供额外的激励；

⑦ 建议可视情况安排无相关"包袱"的成员参与，可以激发员工的创新思维。

一家公司在推动持续改善活动的过程中，一定会以CIT指标来检视整个持续改善的运作状况。我在此提供五个参考指标，分别是项目件数、节省效益、参与率、辅导员合格人数、组长合格人数，达成数字可依实际情况填写，如表5-1所示。

评估CIT时，绝对不能看几个单一指标，就认定整个活动成功或失败，这五个指标要放在一起看。

表5-1 CIT 指标

CIT 指标	第一季度	第二季度	第三季度	第四季度
项目件数	5	10	15	15
节省效益（百万元）	2	3	4	4
参与率	10%	11%	12%	12%
辅导员合格人数	5	5	5	5
组长合格人数	3	3	3	3

我建议企业定期检视这些指标，进行调整和复盘。还有一点需要强调，主管喜欢看什么指标，部属很容易投其所好，特别重视该指标，因此需要尽可能避免出现这方面的问题。在推动持续改善的过程中，有时不妨参考竞争对手每年会调整哪些指标。这么做的目的是希望公司的持续改善文化可以越来越好、越来越有竞争力、越来越人性化，最重要的是让客户越来越满意。

第六章 从部门名称看懂企业转型的关键

"数字转型"是这些年企业非常关心的话题，从某个角度看，这其实就是"企业转型"。不管是企业转型也好，组织变革也好，想在快速变化的时代生存，企业就必须持续进步，推动各种组织变革。

变革有小有大，小者可能是部门内推行新方法，大者可能是部门合并、推动创新提案制度或推动持续改善、创新文化。在这样的情况下，组织、部门的任务和职能也会有所改变。

有些公司一段时间内就会有组织变革，也会有部门变革，而不论何者，都是因应时代潮流做出的相应改变。回头想想你现在的公司，部门名称有多久没变了？如果口头说组织变革，但部门名称始终都没变过，这样的变革是不是会让人担心呢？

在刚开始变革的时候，许多员工通常会抱持抗拒的心态。根据这几年企业辅导的经验，我发现很多员工在面对变革时有以下情况：

①已经熟悉原本的工作，不愿面对新事物；

②要花时间学习不熟悉的业务；

③在适应变革的过程中，工作难度和工作量会随之增加；

④不了解公司为什么要改变，认为维持现状就好了；

⑤觉得自己能力不足。

我想分享组织变革的四个方法，帮助企业和员工成功应对组织变革，以及职场中的各种变动。

沟通与创造危机感

事实上，在企业里，许多变革都是高层主管说推就推，员工往往只能被动接受。虽然推动变革的原因可能是领导人看到了未来的危机或机会，但若没告诉员工变革的理由，就要求大家接受，只会造成人心惶惶。因此，帮助员工拥抱变革最理想的方法就是沟通、沟通、再沟通，不要放弃任何沟通的机会。只有让员工知道"为什么"，员工才知道"怎么做"。

沟通大致分成四个步骤。

第一步：召开沟通大会

开会前，相关人员可根据事先发放的计划书，思考开会时讨论哪些议题。当会议正式开始后，公司做的第一件事就是告诉员工未来要进行哪些调整，以及这么做的原因。例如：竞争对手采取某项行动，我们必须进行某些改变。会议时间约一小时，其间必须让员工畅所欲言，说出自己的想法。

第二步：开始行动

随着变革启动，某些员工可能会被轮调至其他部门，桌牌、名片和文件等也会随之修改。接下来，在变革推行一段时间后，会进入到第三步"举办复盘会议"，复盘变革过程中还有哪些地方可以改善。

第三步：定期举办复盘会议

相关员工都要参与复盘会议，建议利用便利贴的方式复盘变革过程中有哪些地方可以改善。这些改善必须有对应负责人，这样变革才能不断精进。在变革初期，如有必要，公司可以密集召开复盘会议，以达成整个变革过程中的阶段性目标。

第四步：阶段性成果分享（进行再次沟通）

这个步骤是阶段性的成果分享，让所有参与变革的人知道目前组织变革的成果，也可以利用这样的分享，让员工对变革更有信心。如有任何问题，主管也可以在这个步骤跟员工进行双向沟通。

在沟通的四个步骤中，第一步、第三步和第四步的重点都是和员工谈话，这也表示"沟通"是组织变革中非常重要的环节。因此，当主管在和员工沟通时，必须特别注意传达的信息。有两点是谈话时务必涵盖的内容：

①变革的原因：主管应把变革提升到经营者的层级来看，告诉员工来龙去脉，尤其需要强调"推动变革的原因"。

②列举成功和失败的案例，创造危机感。主管应明确告诉员工，推动这项变革有什么好处，不推动有什么坏处。主管不妨列出行业标杆，举例说明哪些公司因为导入新流程，业绩大幅增长；哪些公司因为拒绝变革，最后走向失败。也就是说，公司必须让员工有危机意识。

沟通与创造危机感都是高层主管的工作。此外，需要特别注意的是，沟通大会必须分部门举办，也不是办一次就够了。若公司只办了一场两三百人的大会，那就不是沟通大会，而是宣贯大会。

即便是强行推动的变革，还是要有双向沟通的空间。不管沟通的结果如何，公司最后仍会推行变革，但必须倾听员工的想法，在大方向不变的前提下，根据员工的建议调整细节。若公司没做到这点，沟通大会就失去了原本的意义。

通过提问，帮助员工调整心态

通过提问，主管可以在日常工作中帮助员工培养乐意接受改变的心态。举例来说，我很喜欢"每年改变10%"的文化。员工会在每年初问自己："和去年相比，我今年可以在哪些方面做出10%的转变？"公司要将变革转化为一种共识，植入团队的"DNA"，让员工觉得"改变"是必然的事情，而且每天都在发生。

在这样的职场氛围中，主管每年都要问员工："你今年10%的改变是什么？""关于明年的项目，你有没有想做一些改变？"通常愿意每年尝试改变的人，就是所谓的一流人才。

此外，第三方协助是促使员工改变的催化剂。主管和员工相处的时间很长，由于对彼此太过熟悉，员工有时并不清楚主管是真的想进行变革，还是只是随便说说。高层主管不妨寻求外部专业顾问公司支持，确实将变革的想法传达给员工，或是通过提供教育、培训，让员工了解公司推动变革的决心。

打造愿景，激发员工企图心

若公司一直很赚钱，员工抗拒变革的心态就会很明显。员工会认为，现在的状态已经很好了，没必要做任何改变。

面对这样的情况，公司必须打造激励人心的愿景，激发员工的企图心，让大家了解利润不是公司唯一的目标。愿景会驱动员工做出改变，必须让员工拥有荣誉感，促使他们愿意主动学习和改变。好的愿景应该要让人觉得有点距离，但又不是遥不可及的。此外，公司也要让员工知道，若想实现愿景，大家每年应该做哪些事。

举例来说，若某家成衣制造商想在五年内从行业排名全球第四提升为全球第三（有些难度，却可能达成的愿景）。第一年，他们采取行动，把竞争对手的业务主管"挖"过来。接着，公司内部的海报和工作证也跟着改变，印有"三年后，公司要从行业第四变成行业第三"的标语。办公室的气氛时刻都围绕着愿景，不论是开月会、季会或任何一场供应商大会，所有主管都在讨论这件事。当员工执行任何一项任务时，彼此都会问："若公司要成为行业第三，我们还可以做什么？"

只有在员工认同公司的愿景时，大家才能长久地走下去。若某位员工对组织缺乏认同感，那么不论公司是否推动变革，这位员工早晚都会选择离开。因此，公司应该创造属于自己的文化，吸引认同这些理念、拥有相同价值观的人才加入。

建立、落实组织变革的制度

变革只是过程，重点是变革后持续落实改变。因此，变革必须伴随着制度和绩效考核，否则变革可能当下成功，一年后却又消失不见。换句话说，任何一种变革在落地之后，若没有制度规范、方法章程，便无法形成持久的行为或文化。

举例来说，某公司的员工在处理事情时，总是依赖直觉与经验，造成服务质量不高。为了解决这个问题，公司想推动变革，鼓励员工运用一套固定的流程来执行任务。这时候，公司应该同时建立一项制度，要求大家每年都运用这套流程至少完成一个项目，并将这件事设为一项KPI。若这套流程确实能改善工作，大家就会渐渐养成习惯，采用新的方法执行任务，不再只是凭直觉行事。

此外，若员工认同，公司每隔一段时间就要推动一次变革，这时候就应该设立专人专职来处理变革事务。每次的变革经验都非常宝贵，这些专门负责变革项目的员工要总结、整理推动变革的技巧，好在未来能够更加顺利地推行变革。

公司应该让员工了解，每一次的改变都是在帮助员工成长，更要鼓励员工珍惜变革过程中学到的所有事物，视变革为增强能力的机会，而不是增加工作负担的麻烦事。

不管是数字转型或组织变革，我期盼大家都可以运用这四个方法，在变革当中获益，进而在职业生涯中更上一层楼。

第七章 企业"核心价值观"的虚实

谈企业核心价值观之前，我先分享一个故事。

有一家中型公司，产品受到国际市场的欢迎，公司成立四十年了，销售收入每年都有稳定的增长。该企业在培养人才上非常用心，每年会编制一定预算，用于培训公司的核心人才及组织转型。这家公司的核心价值观是：诚信、创新、务实、客户，这个核心价值观发布在公司的官网上，听说已确立三十多年了，一直被标榜为该公司员工的行事准则。

因为辅导授课的关系，我有很多机会参与这家公司的项目讨论、日常会议。经过一段时间的接触，我在开会过程中发现了一些问题。例如：某些部门会先在会议中承诺某件事，但在下一次会议中反悔，说本部门不负责这项业务。为什么呢？因为参与会议的员工往往在会后回到部门内讨论时，才发觉这不是他们该负责的业务。

有一次，我跟该公司的高层主管谈到这个问题，我问他："你们公司的核心价值观中不是有'诚信'吗？为什么常发生这

第一部分
重置你的商业思维

样出尔反尔的事呢？"我直截了当地指出，该公司的核心价值观其实就是口号，对外做做样子而已，没有真正落实。

"我们公司的核心价值观是创办人自己喊的，不一定代表同事的行事准则，这样的核心价值观根本无法落实，更不用说成为公司的组织文化了。"这位主管很诚实地回复我。

该公司的核心价值观中还有"创新"，但公司内部真正实践创新的只有研发部门，其他部门没有创新项目，员工也没有创新的想法。公司的日常运作完全看不出有任何创新的痕迹。我还参与过一场关于"流程创新"的会议，但许多中高层主管都表示，公司既有的流程已运行了那么多年，根本没必要浪费时间改来改去，员工也会很难适应。他们还纷纷表示不解："流程明明没有问题，为什么一定要改？"

其实，从流程创新会议上不难发现，不仅员工的思维与公司的核心价值观不符，主管的思维也与公司的核心价值观不符。"创新"意味着勇于改变现状，但这家公司的主管完全没有勇于改变现状的胆识。

以上的故事，也许你有同感，或者你的公司也是这样。我想通过这个故事告诉大家，其实有不少企业的核心价值观与员工的行为准则是完全脱钩的。

落实"核心价值观"的关键:对的人、对的环境

有很多大企业会把"志同道合"列为招聘人员时优先录取的条件。能力可以培养,但找到认同公司理念与核心价值观的"对的人",更为重要。

每一家企业初期都是由各行业的人才组成的,直到公司发展壮大后,才慢慢以"公约方式"管理,把核心价值观与企业发展模式紧密结合,这是企业成长必经的过程。在某些企业中,有员工违背公司的核心价值观,日后在职场很难生存的例子。

举例来说,假设公司有一个核心价值观是"专注主业",也就是公司的营业收入都是从主业赚来的。如果这家公司的财务主管通过财务杠杆帮公司赚了很多钱,这样有没有违反"专注主业"的核心价值观?答案是:有。财务主管违反了公司的核心价值观,公司就可以请他走人。

这件事如果发生在其他公司,也许这位财务主管会有升官机会,因为他给公司立了大功。规则不同,因地制宜。这就是企业的核心价值观,是指导每个人做事的行为准则。

落实企业的核心价值观,经营者必须了解自己的个性与优缺点,了解客户的文化特性,更应以公约方式管理企业,把核心价值观与企业发展模式紧密结合。例如台积电有四大核心价值观:诚信正直、承诺、创新、客户信任。诚信正直位列第一,就是要求台积电的员工不能讲假话、不能吹嘘,答应的事一定要做到,

因此不能轻易答应。

我们的顾问团队中的陈顾问是TQM（Total Quality Management，全面质量管理）专家。他认为，在辅导企业建立核心价值观时，要把核心价值观成功落实到日常管理中。这个做法有两个关键因素：

1. 建立核心价值观与员工利益的关系

全面落实公司的核心价值观，最好的方式就是让核心价值观和员工的利益挂钩，才能让员工认同核心价值观。以"创新"这项核心价值观为例，如果员工在工作中创新、创造价值，让公司的营业收入得以增长，就可以从营业收入增长的部分中拨出一定比例奖励员工。对员工而言，实践核心价值观就有实质利益。为了建立核心价值观与员工利益的关系，需要实施以下四项重点工作：

① 指定部门规划与落实核心价值观；
② 把落实核心价值观的工作提升到企业战略层面；
③ 高层主管担负起倡导核心价值观的责任；
④ 让员工了解企业生存与核心价值观的关系。

核心价值观能否真正落实，全系于企业与员工之间的正向关系，公司高层不能"说一套做一套"，甚至出现"发夹弯"[①]，必须做好榜样，员工才会心服口服。只有真正落实核心价值观，才能形成企业文化。

2. 建立有利于落实核心价值观的环境

建立有利于落实核心价值观的相关制度，通过制度不断规划、执行、复盘，再规划、再执行、再复盘，持续改善循环，才能让员工感受到公司执行核心价值观的决心，也才能把核心价值观真正落实到每个员工身上。我建议企业实施以下六项重点工作：

① 修改管理办法以配合核心价值观的落实，例如考绩规定、用人原则等；

② 明确处理违反核心价值观的事项；

③ 塑造样板、通过故事倡导核心价值观；

④ 持续抽测核心价值观的落实情况与员工反应；

⑤ 复盘主管在建立创新文化中的功能；

⑥ 举行落实核心价值观的重要活动，如实际提案。

如果中小企业想推行核心价值观并真正落实，可通过下面两大步骤进行：

---

① "发夹弯"原指赛车道上的U形弯道。台湾人口语中的"发夹弯"是指态度180度的大转弯。

步骤一：标杆学习

针对公司发展，值得我们标杆学习的企业有哪几家？为何值得我们学习？这些公司有哪些成功因素？它们做了什么？它们的企业文化、核心价值观、员工一致的行为准则是什么？

以上这些是落实核心价值观前的重要问题，向标杆学习一定比自己摸索更有效率。我建议可列出"标杆企业的六大方面"，当成未来落实核心价值观时调整的依据，如图7-1所示。各位不妨试着想想看，把理想标杆写下来。

为何选择这家公司？	标杆对象
愿景	企业文化
核心价值观	员工的行为准则

图 7-1 标杆企业的六大方面

步骤二：现状分析

借鉴他者，同时更要了解自己。针对公司现状分析，我建议朝以下六个方面探讨。各位也试着想想看，填写在图7-2中。

① 企业文化，例如：公司的人情味不够浓；

② 团队领导，例如：主管的企图心不够，中层干部的能力有待提升；

③ 信息沟通，例如：公司的本位主义太重，部门间的沟通不够开放；

④ 市场机会，例如：特定渠道需要加强拓展，如网络渠道；

⑤ 流程运作，例如：新产品开发的时间太长、步骤太多；

⑥ 人力发展与管理，例如：人才素质不高，公司培训较少。

我建议企业利用工作坊或问卷的方式，进行全公司现状分析，调查与统计中高层主管对本公司核心价值观的认同程度，还可以通过管理顾问公司协助调查，以了解员工的真实想法。

最后要回到"公司的核心价值观是什么"这个根本的问题。哪些原则是在公司绝对不能违背的？公司处理错误的原则又是什么？在订立公司的核心价值观之前，主管必须对此有通盘了解。我建议各位可以检视以下两个方面：

① 面对现状，公司目前具备哪些值得传承、延续的特质；

② 面对未来的挑战与机会，公司应具备哪些特质。

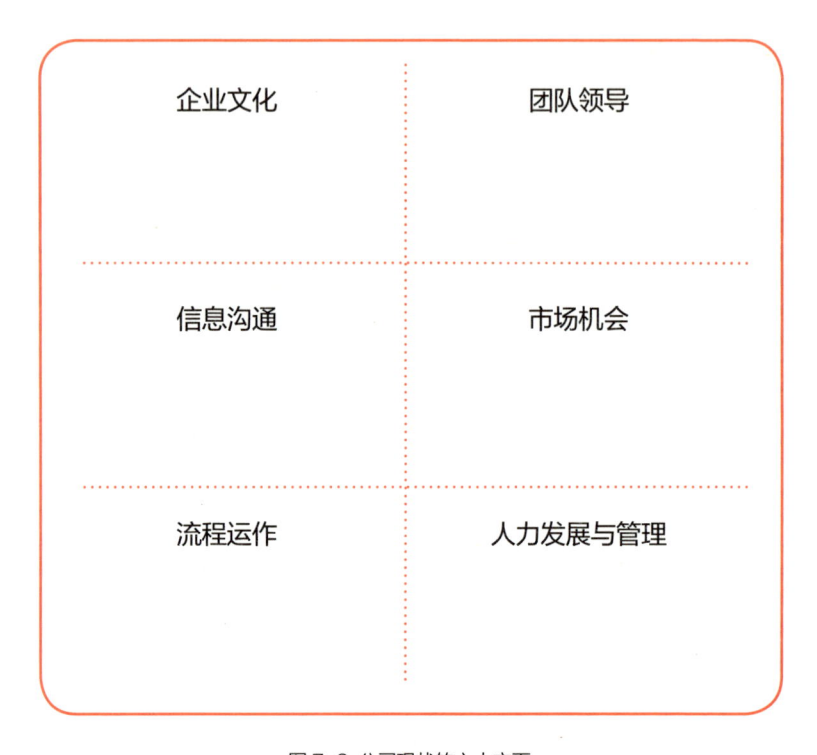

企业文化	团队领导
信息沟通	市场机会
流程运作	人力发展与管理

图 7-2 公司现状的六大方面

此外，在核心价值观行为准则传递的过程中，我吸取了台积电和各大企业的经验，在辅导企业的时候，提供三大原则帮助企业遵循核心价值观行事，同时有效传递给员工：

① "说"，同一套语言：使员工认知核心价值观内容及行为准则标准，并通过说故事等形式使之传播。

② "做"，以身作则，全员参与：通过共识会、工作坊及各类会议定期追踪回顾，推动各级主管和每位员工以身作则，开始在

日常工作中展现核心价值观。

③ "巩固",巩固制度保障:通过仪式建立、榜样树立、行为考核与激励,以及制度审核与行为准则定期评估,确保外在行为显示与精神内核一致,并通过定期的评估和相应行动,反复巩固、强化核心价值观。

核心价值观不是口号。对一家企业而言,核心价值观至关重要,可以让员工展现核心价值观的行为准则,进而形成公司文化。我相信每一家成功的企业,都是十年磨一剑,都有不为人知的艰辛历程。只有真正落实核心价值观的企业,才可以引领企业全体员工持续前进。

第八章 团队的共振效应

"台积电的执行力超强",这句话不是台积电人自夸,而是我辅导的客户亲口对我说的。如果你跟台积电有过业务合作,也会有类似的体悟。

以台积电赴美设厂为例,自从台积电评估可能需要在美国设厂,公司内部就组织团队开始动了起来:要在哪里设厂?如何计算成本效益?要邀请哪些供应链伙伴一起前往美国开拓市场?还要在美国晶圆厂旁另辟一个园区用地,让供应链伙伴进驻。这些供应链伙伴除了向台积电供货外,也要能借机会开拓美国市场。因此,这些供应链伙伴也要和台积电一起去美国考察。这些事情听起来简单,其实私下运作要花很多时间。

还没开始建工厂,台积电就积极建立美国新厂的工作团队,需要数百名员工驻地工作。为此,台积电需要举办内部征才说明会,设定赴美工作的配套福利(如工资加倍、保险、住宿补贴等),也要协助同事申请美国的"绿卡"。这些动作凸显了台积电内部强大的团队执行力,而这强大的执行力,背后考验的就是整个团队的运作与效率。

三个步骤养成强大、极致化的执行力

1. 同频的团队成员，产生强大的共振效应

我曾看过一个影片，实验者随意拨动多个会发声的钟摆。刚开始，所有钟摆摆动得杂乱无序，但有些钟摆渐渐慢了下来，有些则渐渐开始加速。钟摆的摆动频率竟会变化，进而趋同。在某个时间，所有钟摆的摆动越来越整齐。原本与其他钟摆运动方向相反的钟摆，也开始加快摆动速度，与其他钟摆的动作趋同。最后，所有钟摆的摆动和声音都整齐划一了，这就是"共振效应"。

当团队产生"共振效应"，效果是非常惊人的。我们的想法是一种振动，执行力是一种振动，态度也是一种振动，它们会产生共振，并相互影响。当一群人同时拥有同样的想法后，群体的想法就能带动更多人，这样产生的强大共振，就会带动组织里的每一个人。

我建议组织内部要培养"共振效应"，这样每一个人做事的"频率"都会相同。在这样的气氛下，如果某些人的做事方式、态度、"频率"都跟组织格格不入，就会很辛苦，甚至会被组织的能量"震倒"。

2. 组织内部，以任务为最高原则

很多公司或多或少都有派系的影子。比如张先生是林副总经理那一派的，李先生是郭副总经理这一派的，而公司现在是林副总经理主导，他未来有可能会晋升为总经理，所以很多人可能会来讨好林副总经理，希望他升迁后不忘带上自己。当你跟错人，在组织里升迁的机会就很渺茫了。

不同的人际圈子，不管是工作上、私底下，可能也会一起吃吃喝喝、培养感情。在企业组织中，相对于解决问题或是执行过程，这类派系都会产生问题和阻碍，因为派系成员在做决策时往往会以个人因素为出发点，而不是以公司利益为出发点。在讨论事情时，派系成员常常也不是"对事"的，而是"对人"的。

就我个人的观察，中国台湾的国际化企业基本没有派系和小圈子，大家都以目标任务为最高指导原则，都在想如何解决问题、如何服务客户、如何让经营效率更高。这样的组织就像是非常圆滑、摩擦力很小的球，滚动起来相当快。

3. 团队运作，水平展开与垂直整合互相配合

好几年前，我在中国大陆辅导一个非常大的项目。起初，我们思考这个项目与哪些部门有关，由此先做水平展开。最后，我们建议八个部门的主管都要参与这个项目，这八个部门的主管都有决策权，而每一位部门的主管回到自己部门后，又分别成立一

个团队来执行自己部门所承接的任务，确保每一次开会确定的项目都能如期完成。

看起来只有一个大项目，其实是由八个小项目所构成的。我们把大项目的负责人称为业务负责人（Business Owner），八个部门的主管称为流程负责人（Process Owner）。通过业务负责人与流程负责人水平展开与垂直整合，多沟通、少抱怨，让整个项目顺畅执行，运作起来更有效率。当时这个辅导项目，我们三个月就完成了，而且成效非常好，我们就是运用团队的运作，让水平展开跟垂直整合互相配合，发挥整体效果。

当时我也建议辅导的公司，每一个项目执行完后，所有的成果和相关知识都要储存起来，组织需要建立优异的知识管理能力，一旦问题再次发生，马上就可以通过知识管理体系找到问题的解决方案，快速执行，展现高绩效团队的执行力。

为了成为世界一流企业，我相信每家公司都在不断成长，公司的全体员工也都有很强的危机意识。如果公司成长了，而个人没有成长，个人就会成为公司的累赘。

共振效应极为惊人，如果读者有机会带领团队，可以挑选"频率"较一致的同事组成团队，重复练习前述方法，团队就会像滚动的轮子，越滚越快、越滚越效率高。

第二部分
高效、高准度的不败工作法

第九章 从小问题看事实的全貌

在解决问题的时候,你是抱持着差不多的心态只求解决眼前的问题就好,还是会彻头彻尾深究问题背后的原因呢?

我有一次辅导一家制造业企业,发现他们在处理产品异常时,并没有清楚的逻辑和步骤,都是靠"自己的经验"解决问题,所以问题反复发生,设备工程师也为此感到苦恼。

其实,解决问题有既定逻辑和步骤,因此我建议他们下次遇到设备异常时,最好用"解决问题的八个基本流程"处置,如图9-1所示。

因此,我便给设备工程师们培训,期待他们把基本的解决问题能力用在实际工作上。

上课是一回事,实际解决问题又是另一回事。我把一则小故事分享给大家,同时也探讨解决问题应该有的步骤和正确做法。

发生问题（产品有缺陷）
↓
呼叫设备工程师进行基本检查
↓
与主管讨论是否暂停机器生产
↓
将问题告知所有相关人员
▶
与相关同事讨论
↑
从资料库中找过去类似的事件
↑
告知所有相关人员造成问题的原因 ▲ 找到原因
↑
研究、拟定监控机制，预防相同问题

图 9-1 解决问题的八个基本流程

解决问题流程演练

某天下午，生产线的员工发现某台机器生产的产品有刮伤。这可不得了，他马上呼叫设备工程师。

设备工程师来到生产现场，先厘清产品刮伤的位置、大小和形状，再根据这些信息进行设备基本检查。检查完后，设备工程师发现机器没有任何问题，但产品仍有刮伤。设备工程师接着打电话给所属主管，讨论是否暂时停机，深入检查。

讨论之后，他们决定暂停机器，快速进行检查，同步展开紧急必要处置。首先，设备工程师针对这个问题，写信通知所有相关生产部门的同事与主管。信中内容提到："目前，某台机器生产的产品有刮伤，我已先将其停机，正在进行深入检查。若有紧急产品，请不要派工至该设备。处理问题的过程中如有任何进展，我会立即通知大家。"然后，设备工程师马上与制造部门的员工讨论，现在该机器不能生产，应让目前等待生产的产品移到其他运作正常的机器上。

当时现场所有动作和处置措施，比我的文字叙述来得更快。

接下来，设备工程师做了一系列调查，仔细找出产品有刮伤的根本原因。设备工程师先去设备维修资料库里寻找这台机器的相关信息以确认过去有没有发生过类似的问题。结果显示，过去两年，该设备都是零问题，从来没有发生过这种状况。

设备工程师接着了解，同样型号的其他设备有没有发生过类似问题。结果发现，去年有同款机器出现过类似的情况，当时怀疑可能是机械臂松脱，在旋转的时候刮伤了产品。这下终于有线索了！

同一时间，生产部门的同事也忙着在资料库寻找相关信息，不同的设备有没有发生过类似问题。结果发现，好几年前有某台设备有类似状况，当时花了好长时间寻找原因，资料中记载的原因是螺丝松脱。太棒了！这也是重要线索。

整理完所有线索后，设备工程师随即对机械臂进行检查，果然发现这个机械臂的角度不正常。设备工程师进一步研究，发现造成问题的原因可能是时间久了螺丝自然松脱,但危险的是,设备的日常管理并没有特别注意这个细节。最后,设备工程师和生产部门的同事达成共识,把这项任务列入日常管理。

问题解决后,设备工程师给所有相关同事发信,信中写明:"目前机器已经正常运作,之前的问题是由A原因造成的,采取的对策是B。接下来,我们会持续观察产品状况。"除此之外,生产部门的同事也在思考,有没有什么监控机制,只要监控到机器作业出现问题,就可以自动发出提醒,让设备工程师先做处理,不至于等到产品出问题后才处理。那样不仅会导致成本上升,还会导致产品无法按期交付,引起客户抱怨。

知识管理是关键

经过这次事件,设备工程师发现,使用解决问题的八个基本流程处理问题、分析问题,真的又快又有效率,既有比较完整的逻辑架构,也能找到真正原因,对症下药。

我把解决问题的八个基本流程转换成简单好懂的情境,如图9-2所示。

图9-1和图9-2的流程差异在哪里?简单来说,在操作实务上,不同行业会有各自的基本动作和检查规范,但解决流程的逻辑和方法都是通用的。此外,这里谈的解决方法有一个前提,那就是"过去的资料"。公司把解决问题的记录保存下来,进行知

识管理，这是日后解决问题时的关键。如果解决了问题却没有留下任何可追溯的资料，日后寻找问题原因就形同大海捞针，费时又费力。

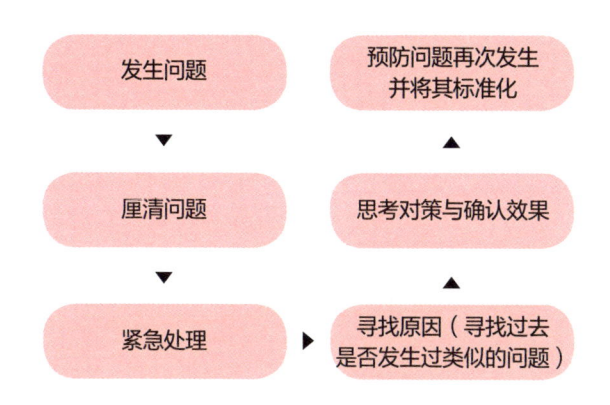

```
发生问题  →  预防问题再次发生并将其标准化
   ↓                    ↑
厘清问题  →  思考对策与确认效果
   ↓                    ↑
紧急处理  →  寻找原因（寻找过去是否发生过类似的问题）
```

图 9-2 解决问题的六个基本流程

我常看到很多问题当下解决了，过一阵子再度发生。这可能是以防堵结合的方式处理问题，结果治标不治本，虽然短期内问题不再发生，但是长期而言可能累积了许多未知的定时炸弹。

凡事不可能一蹴而就。解决问题的步骤和流程很重要，也许时间很紧迫，但你要耐下心来，临危不乱，这才是大将之风。学习别人的优秀做法，再回头检视自己，依循正确的步骤解决问题，这对自己未来的工作一定会有帮助。

第十章 超实用的8D问题解决法

新冠肺炎疫情暴发以来,许多人在工作上都面临不少麻烦,既有技术层面的问题也有心理层面的问题,相信大家都有深刻体验。当习以为常的步调或节奏出现问题了,我会运用"8D问题解决法"来解决。没有科技行业或制造行业背景的读者,可能没听过8D问题解决法,其实这个方法非常适合各行业的职场人士。

8D问题解决法是福特汽车公司处理问题的一种方法。大概从20世纪80年代开始,福特汽车公司要求很多供应商在遇到客户投诉时,填写福特8D报告。也就是说,在不知道问题的根本原因(Root Cause)时,可以用8D问题解决法。8D是由八个解决异常事件的原则(Disciplines)组成的,目的是避免客户投诉问题重复发生。时至今日,8D问题解决法的应用范围更广了,不少高端制造业企业更把8D问题解决法视为解决问题的标准步骤。8D问题解决法解决问题的步骤,如表10-1所示。

我们的顾问团队曾协助一家国际企业导入8D问题解决法,让8D成为公司内部解决问题的共通语言。导入后不久,该企业主管

第二部分
高效、高准度的不败工作法

表 10-1 8D 问题解决法解决问题的步骤

项目	步骤	内容	重点
D1	选定主题与建立团队	选定改善主题，建立解决问题团队	选定组织或部门要解决的问题
D2	描述问题与掌握现状	精确描述问题，进行完整的问题分析	精确陈述问题比解决问题要重要
D3	执行及验证暂时防堵措施	验证暂时对策，追踪成效	100% 防堵问题再次发生
D4	列出、选定及验证根本原因	大量思考可能原因，验证根本原因	根据事实、资料做判断
D5	列出、选定及验证永久对策	大量思考对策，验证永久对策	凡事一定有更好的方法
D6	执行永久对策与确认效果	执行永久对策一段时间	确认消除根本原因，改善问题
D7	预防问题再发生并将其标准化	思考潜在问题	落实日常管理
D8	反省、恭贺团队与规划未来方向	水平展开与反思	知识传承

很开心地告诉我,他们的会议变得更有成效了。

他说,以往公司在解决问题的讨论会上,几乎都看不到什么成效,谈论问题和原因,搜集相关数字,人人都自说自话,无法聚焦。几次会议下来,存在的问题还是无法解决。这样的会议空转久了,很多人更觉得浪费时间,索性就不参加了。

导入8D问题解决法后,情况就不一样了。每一次会议都可以设定主题,例如:这次会议是步骤二"描述问题与掌握现状",会上所有讨论必须聚焦在这个步骤,当沟通、协调更加顺畅,问题得到解决的概率就会大幅提高。

究责绝非当下重点

8D问题解决法的基础思维是:遇到问题,先做问题确认与定义。完整分析问题极为重要,因为方向错了,就是全盘皆错。

接下来就是收集资料、分析资料、找出根本原因、验证对策,让改善流程更有系统性,同时还要有明确的数据支撑,不能只依靠经验判断。

有时候,我们以为的根本原因不一定就是根本原因,因此一切判断都要基于资料,打破以往经验或固有思维。利用数据资料找到根本原因及对策后,我们需要确定改善效果,并持续观察成效。处理问题有逻辑、瞻前顾后思考,才可以按部就班,依次解决问题。

另外，在解决问题的过程中，不要花时间责备造成错误的操作人员，究责绝对不是当下的重点。重点是要思考如何改善流程，让问题不再重复发生。

在我协助过的企业中，有一家企业的主管会花很多时间责备犯错的人员，把人骂得一无是处："为什么会错？！那么简单还会错！你能不能专心一点！"

我的疑问是，会不会是该公司的作业流程或操作系统让操作人员很容易出错呢？为什么不多花时间思考如何改善作业流程呢？如果可以设计出操作人员怎么操作都不会出错的机制，那不是更好吗？而8D问题解决法正是检讨流程和机制最有效的方法。

其实8D问题解决法的应用层面很广，不仅可以应用在企业层面，例如：如何降低产品不合格率？如何缩短新产品开发时间？如何降低客户投诉件数？也可以应用于个人层面：如何提升薪水？如何在工作中更快乐？如何降低体重？这些问题都很适合应用8D问题解决法。

公司通过落实8D问题解决法来解决问题，这样的做法固然可行，但我们必须理解，解决问题的方法从来不只有一种，也没一条绝对非走不可的路，重点不是采用了某一套方法，而是有没有将解决问题的方法切实落实到每个步骤，不是敷衍主管或客户。假如没有做到，那这套方法就没有意义。

我已经把8D问题解决法内化成自己的能力了，无论遇到什么问题，我都很自然地习惯以8D问题解决法分析。变强没有秘诀，只有不断练习。

下面，我用一个生活中的案例说明如何实际使用8D问题解决法。你也可以将其运用在工作和生活上，遇到问题的时候，用8D问题解决法来分析与解决。解决问题后，你也可以用这样的方式将解决问题的步骤呈现给主管，相信你在日后解决问题时会更有逻辑。

盒饭里的头发

不知道大家有没有吃过"加料"的盒饭，我指的是"吃到头发"。我个人就经常遇到这种情况，总会觉得不太舒服。因此，假设我们是卖盒饭的餐馆，如何解决盒饭中有头发的问题就很重要。我把问题分析的步骤整理出来，如表10-2所示。

表10-2是用8D问题解决法解决盒饭有头发的问题分析。在解决问题的过程中，需要特别注意，查证时，可以把数据、资料、照片等佐证信息附上，这样会更有说服力。标准作业程序里最好有文字叙述、流程图和图片，这样比较清楚，易于理解。所有的对策一定要有负责人，以及完成时间，这样后续才能追踪。

在解决问题的过程中，如果需要开会，建议可以把会议记录留存起来，未来可以作为知识管理的资料。

表 10-2 8D 问题解决法解决盒饭里有头发的问题的步骤

项目	步骤	内容
D1	选定主题与建立团队	1. 改善主题：降低盒饭中有头发的发生次数 2. 建立团队：负责人：李可 　　　　　　成员：梅伦、杰克、辛迪
D2	描述问题与掌握现状	1. 使用 4W2H 描述问题 What（什么）：盒饭中有头发 Who（谁）：订购盒饭的客户 When（何时）：10 月 3 日、10 月 7 日、10 月 8 日（10 月发生了三次） Where（哪里）：菜里有，饭里没有 How（怎么做）：目视就可发现 How impact（有何影响）：造成客户退货，影响餐馆声誉 2. 设定 12 月改善目标：0 次
D3	执行及验证暂时防堵措施	1. 接到客户投诉后，立即协助客户改订其他餐点，有问题的盒饭不收费 2. 安排人员在送餐前进行 100% 检验 负责人：杰克 时间：从 10 月 9 日开始
D4	列出、选定及验证根本原因	从人、设备、原料、环境四个层面，思考"造成盒饭里有头发"的原因： 1. 人的因素：（1）竞争对手放的 　　　　　　（2）员工带入的 　　　　　　　①其他员工恶意带入 　　　　　　　②厨师不小心带入 2. 设备的因素：锅不干净 3. 原料的因素：夹在菜里带入 4. 环境的因素：厨房环境脏乱 经过实际查证，发现厨房环境有一些头发，在那段时间，有几位员工没戴头套，疑似在菜品制作过程中，头发掉进菜里

续表

项目	步骤	内容
D5	列出、选定及验证永久对策	共实施两项对策： 1. 员工强制戴头套：即日起规定所有工作人员必须戴头套，戴好头套后要给组长确认没问题，才可以上工（负责人：梅伦，11月3日起实施） 2. 每日下班前须打扫厨房，由梅伦检查（11月1日起实施）
D6	执行永久对策与效果确认	1. 11月3日仍发生一起，已在送餐前检查出；11月4日至12月30日为止，没有再发现头发 2. 从明年1月开始，取消送餐前检验工作
D7	预防问题再发生并将其标准化	建立两份"标准作业程序"，并安排教育训练（负责人：辛迪） 1. 建立员工戴头套的标准作业程序 2. 建立每日下班前打扫厨房的标准作业程序
D8	反省、恭贺团队与规划未来方向	（略）

我衷心希望大家能把这套方法学起来，未来在工作或生活中，如遇到复杂难解的问题需要解决时，除了凭借经验和知识，也可以借助8D问题解决法厘清思路。也许在解决问题的过程中，你会找到自己的盲点，利用这样的逻辑推演，可以更系统地解决所有问题。

第十一章 厘清思考的3×5Why解题法

不知道大家有没有迟到的经验。我读书的时候，偶尔会睡过头，有时干脆就"翘掉"一节课，祈求老师不点名。但如果是上班睡过头，可就不太好了。多数人可能匆匆忙忙，或骑摩托车或开车，加速冲去公司，争取赶上打卡时间，不然就得跟主管请半天假。毕竟如果你迟到的理由是睡过头，肯定会被主管认为责任心不足，而且这样的事情，可能过一阵子又会发生。

好几年前，我曾经在《质量月刊》发表过有关"3×5Why"的文章，得到很多读者反馈。有的读者说，把"3×5Why"用在客户投诉事件上，找出问题原因，真的是一个比较全面、能让思路清晰的有效工具。

这几年，我在企业讲授"问题分析与解决"课程时，我都会建议客户好好利用"3×5Why"这个工具。因为这个工具在探讨原因时，是从三个层面来思考，比较易于达到防堵或根除问题的效果，也很适合作为管理者看待问题的方式。接下来，我会先说明这个工具，再使用一个案例进一步解释，相信各位会更清楚。

第二部分
高效、高准度的不败工作法

三大方面、五次提问

相信不少在职场打拼多年的读者多少都使用过"5Why分析",探究造成特定问题的因果关系。这个方法需要反复提出五次"为什么",以垂直式思考一层又一层地深入问题。面对简单的问题,提出三次或四次"为什么"就可以找出原因了,但面对更复杂的问题,提出五次"为什么"就够了吗?

3×5Why即是由此盲点衍生的,这个方法的概念更广,意即是从三大方面,提出五次"为什么"。

三大方面是指:

① 问题的发生源(Occurrence):为什么会发生这个问题?原因是什么?

② 问题的流出源(Escape):为什么没在内部拦截到问题,竟会让问题"流向"客户?

③ 问题的系统源(Systemic):为什么公司的系统(管理系统、质量系统、设计系统等)会让这个问题发生?

3×5Why分析工具,即是针对"问题的发生源""问题的流出源"和"问题的系统源"分别提问五次"为什么",因此总共会问15次。当然,若遇到无法再继续问下去的情况,就可以停止提问了。

比较鱼骨图、5Why分析后,我认为3×5Why是更为全面的防堵问题的工具,这套方法的因果关系更有条理,还考虑到不同的层面，把问题分析立体化，看得更透彻。

认识这套新方法前，我们在寻找问题根源的时候，很少思考"流出源"和"系统源"，通常会把思考的重点放在"发生源"，限制自己只在一个方面追根究底。

3×5Why可以帮你打通一条"死路"，走出三条"活路"。从这三个方面出发，可以全面检视同一个问题，更能彻底寻找问题根源，让问题不再发生，甚至可以做到及早预防，以减少事后损失。其中，从"系统源"思考问题更为重要，这样可以从更高的层面看待问题，找出漏洞，预防问题。

如何解决"上班迟到"问题？

通过实际练习，你就能懂3×5Why了。我们一起解决大家都碰过的问题：上班迟到。问题发生时，你一定要知道"问题是什么"，这样才能由这个起点继续深入。你可以画一张流程图，以便解题的时候更流畅：

步骤一：问题是什么？为什么我昨天上班迟到了？

步骤二：为什么会发生这个问题？

步骤三：为什么这个问题发生了，却没有被拦下？

步骤四：为什么系统让这个问题发生？

接着把四个步骤转换成图，整件事就更具象了，如图11-1所示。日后不管什么问题，都可以通过这样的格式来分析，与人讨论也会更清楚。

好好想一想，面对生活中常见的问题，你能看出什么？

按照过去的解题逻辑，你可能认为换一颗新电池就能解决闹钟的问题了。但是很不幸，因为电池有寿命，所以隔一段时间，你又会因为电池没电睡过头了。

这样的循环是不是常发生在工作上？当东西坏了，你的对策就是汰旧换新；当有一个人常常出错，你的对策就是把人换掉。你会认为已经解决问题了，但类似的状况还是不断发生，永远都会有解决不完的问题。

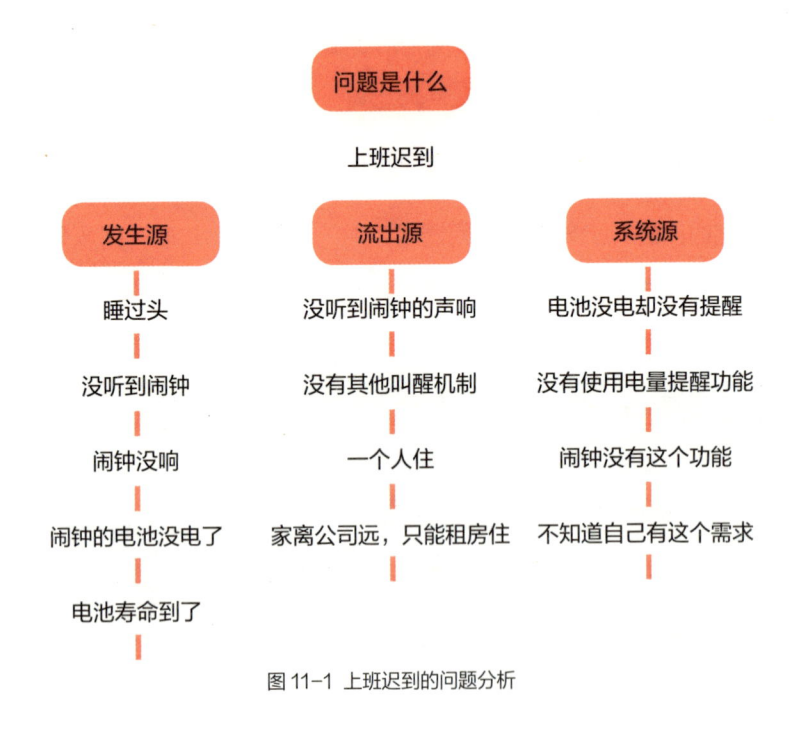

问题是什么

上班迟到

发生源	流出源	系统源
睡过头	没听到闹钟的声响	电池没电却没有提醒
没听到闹钟	没有其他叫醒机制	没有使用电量提醒功能
闹钟没响	一个人住	闹钟没有这个功能
闹钟的电池没电了	家离公司远，只能租房住	不知道自己有这个需求
电池寿命到了		

图 11-1 上班迟到的问题分析

用3×5Why分析根本原因后，我们要分别从"发生源""流出源""系统源"来思考对策。你可以用两个手机当闹钟，也可以用一个闹钟加一个手机来叫醒你；你可以请室友起床时顺便叫你，也可以改用会显示电池电量的闹钟。总而言之，你必须让思考的角度更多元。

不管是在工作中还是在生活中，我们都可以利用3×5Why全面分析根本原因，再针对每一个原因思考对策。我建议大家在工作上使用这套工具时，可以找同事一起讨论，针对每一个根本原因，寻找可以作为佐证的数据资料，这样一来会更有说服力。

3×5Why在科技行业已经使用多年了，成效也不错，许多人一开始对这套工具感到惊讶，原因是他们过去分析问题时，往往都只顾及一个方面，不知道还有其他方面。

以我自己的经验来说，我常使用3×5Why带领企业解决问题、预防问题，甚至可以让问题在发生时不至于造成重大影响。

如果你是管理者，你可以要求你的员工运用这套工具解决问题，让他们养成习惯，在面对问题时能有不同层面的思维，就能更快速、更全面地解决问题。

第十二章 三个步骤，解决"人的问题"

"我们是业务人员，每天处理的大部分问题都是'人的问题'，系统性的问题分析与解决方法对我们有用吗？"很多金融和房地产中介从业人员，或是销售渠道从业人员都有这样的疑问。我的答案是"当然可以"。

职场上"人的问题"是最难解决的。系统性的问题分析与解决方法，可以帮我们解决很多问题，许多"人的问题"经过分析后，往往都不是"人的问题"。

我用以下两个场景来说明，如何运用系统性问题分析与解决方法，排除"人的问题"。

场景一：问题定义不清楚，全推给"人的问题"

很多人讨论问题的时候，其实连问题是什么都没有搞清楚，更不用说解决问题。在我的企业咨询案例中，某家公司刚开发出一套新系统，要进行内部测试，每个部门都要支援。一段时间后，办公室的火药味越来越浓。

"别的部门的人竟跑来我的部门，为了系统问题争论不休，我都不知道他来干什么，问题也是越说越复杂。"一名主管向我抱怨。

在还没厘清问题前，很多人都会认为这是"人的问题"，主观认为是部门与部门之间的沟通问题。但分析后就会发现，真正的问题就是公司刚上线的新系统。甲不懂系统操作，就跑去问乙，乙不懂甲为什么要问自己，两人都觉得对方应该懂系统操作。这时候，真正的问题就被忽略了，问题的焦点变成"人的问题"。

系统错误率居高不下，但公司每个部门都参与了测试，在还没清楚定义问题前，贸然指责"都是你的问题"，很容易吵成一团，让原先单纯的系统问题，变成看似难解的"人的问题"。

场景二：不在同一个"频道"讨论问题，沟通效果差

讨论问题的时候，很多人会觉得"听不懂对方在说什么"，彼此没有在同一个"频道"。遇到这种情况，很多人也会认为这就是"人的问题"。

其实这是因为大家各有想法，也各有解决问题的逻辑和经验，所以会造成讨论时间拖得很长、花很多时间了解彼此的逻辑及思绪。遇到这样的问题，只要大家学一套共同解决问题的方法，就可以在同一个方法论上有相同的节奏与步调。

比方说，如果目前还处于分析问题的阶段，那就请大家先针对问题收集数据和资料，好在开会讨论时可以从数据和资料中看出线索。我建议使用5W2H进行问题分析，也就是问What、Why、When、Where、Who、How与How Impact。"规则讲清楚了"，这样开会时就能够聚焦在同一个方法上。

当开会效率不高、同一件事讨论时间过长时，许多人会将问题归因于"主持人没掌控好时间"，但只有这个原因吗？难道除了会议主持人，没有其他问题造成会议效率不高吗？

很多人在解决问题时都习惯单向思考，认为把烫手山芋丢给别人就没事了。通过上述问题，我想告诉大家，因人争吵，从来不是解决问题的方法。我把自己最常用的三个技巧分享出来，希望可以帮大家"解围"。

三个技巧，解决"人的问题"

"争吵，才是人的问题"，的确很难处理，但真正的问题是什么呢？是不是更容易被忽略了？

针对这些问题，我提供"系统性问题分析与解决方法"的三个技巧，当你以后遇到"人的问题"时就可以派上用场了。

技巧1：遇到问题时，请厘清问题是什么。这个问题清楚吗？这个问题是表面问题，还是核心问题？这个问题背后真正要处理的是什么？

第二部分
高效、高准度的不败工作法

技巧2：解决问题的相关成员需要用一套共同的"系统性问题分析与解决方法"讨论，也就是以同一标准、规则审视问题。

技巧3：在解决问题的过程中，不要单方面认定是"人的问题"，应该全盘思考，合理设想有没有"系统层面的问题""制度层面的问题"和"管理层面的问题"。

回到前面列举的第一个场景：部门与部门之间为了某个问题争吵，我想借此教大家分辨表面问题和核心问题。

部门间的争吵是表面问题，因为争吵很明显，谁都看得出来，"争吵的原因"才是核心问题。我们可以通过三个提问厘清核心问题，真正的核心问题其实是某系统测试结果的错误率极高，如图12-1所示。

厘清核心问题的三个提问	思考后，得到真正的问题
①问题清楚吗？ ②你该如何解决问题？ ③这个问题要解决什么？	例：每个部门都须协助系统测试，目前测试的错误率居高不下。真正的问题不在部门与部门之间，真正的问题是：系统测试结果的错误率极高，应归咎于开发单位

图 12-1 通过三个提问厘清核心问题

第十三章 滚动式修正和动态解题

新冠肺炎疫情带来的冲击，我想大家都有深刻体会。不管是工作还是生活，疫情带来的种种不便，让我们心力交瘁。这时候，是否接受"改变"已经不是一种选择，而是一种必然。

我有一位朋友，原本计划2021年5月中旬举办结婚典礼，宾客已经确认了，婚宴也已经预订了，还准备了300盒喜饼。就在婚礼前三天，疫情快速恶化，台湾进入三级戒备，迫使他们不得不紧急取消宴客。

我在想，如果换作是我怎么办？我会怎么做呢？我也许会先确认喜饼保质期的到期日。如果距离保质期的到期日还有段时间，那就可以考虑等疫情趋缓再寄送，或者自己开车挨家挨户送，甚至打消分送亲友的念头，把喜饼转送给需要的社会福利机构。

动态性问题分析与决策

在疫情期间，你有遇到过类似的状况吗？当然，每个人遇到的问题都不太一样。但你或许会发现，疫情之下这种因外部环境

第二部分
高效、高准度的不败工作法

不断变动，必须不断改变决策的状况，跟你的过往的某些经历有相似之处。我把处理类似问题的能力，称为"动态性问题分析与决策"的能力。

什么叫动态性呢？就是"某事物或系统永远处在持续发展或变化过程中"的状态。因为事物或系统处在这样的状态，所以需要不断改变决策，直到事物或系统停止发展，你才能说问题解决了。

无论是疫情期间，或是任何时候，个人都要有动态性的问题分析与决策能力。这个能力可以细分成四种思维。只有具备这些思维，在解决问题的过程中，你才能有办法因应外部的变化，迅速处理问题。

1. 敏捷式思维

所谓的敏捷式思维，就是强调快速开发循环及快速分批产出，快速取得反馈，然后快速修正。

在动态问题分析与决策中，敏捷式思维非常关键。换句话说，当遇到这类问题时，你要快速想出对策，然后赶快执行，根据执行效果反馈的情况，再修正对策。你不需要想出最优的对策才开始执行，这会延长应对时间，可能导致问题变得更严重。

一旦发现问题就应该立即处置，然后再思考防堵的暂时对策，问题暂时解决后，再思考从根本上解决问题的对策。

2. 弹性与同步思维

过去我们解决问题，一定要先做问题分析，再分析原因，最后才思考对策。但若事态发展迅速，解决问题就需要更大的弹性，决策速度必须更快。因此，在分析问题时，就应该先思考对策，也可以先想出暂时的防堵措施。

在解决问题的逻辑步骤上要更有弹性，因为需要快速解决问题，所以弹性与同步思维显得格外重要。

3. 无限思维

市场上没有既定的解题规则或思维框架，因此遇到问题时，我们不该被当下或过去的经验困住，以此判定成败。

市场变化多端，很多问题可能从未发生过，根本没什么经验可依循。因此，我们一定要有跳出思维框架的勇气，才有办法解决眼前的问题。

多元团队的组合也是跳出思维框架的方式，可以让个人的思维框架在团队中解放。在解决问题的时候，因为多元团队组合中每个人思考问题的角度都不一样，所以才可以激发出不同的想法。

4. 滚动式思维

滚动式思维其实就是根据外部的变化或组织的环境，实时调整及修正决策。

科技行业的市场变幻莫测，尤其是半导体市场。有些科技公司的规划者，会依据市场变化，做滚动式的产能预测。滚动思维的目的就是让每一次的产能预测可以更加贴合市场需求，更重要的是，让公司根据产能预测做经营决策。

由于市场不断改变，因此我们所做的决策，其实也在进行滚动式修正，每一次滚动决策，才会越来越精确，效果越来越好。

新冠肺炎疫情对餐饮业冲击相当大，不过仍有不少餐厅能实时应对，尽量降低损失，这就是典型的动态问题分析与决策的实际案例。美式餐厅"贰楼"动态调整策略，超前部署，快速确定合适的促销折扣，因应疫情动态调整取餐方式，优化取餐流程，减少员工跟客人接触的机会。贰楼认为，疫情期间还是可以经营餐厅，预约取餐也有机会带来营业收入。其中最重要的是，餐厅提供服务要成为民生必需品，能让消费者一次购足所有东西。动态性问题分析与决策就是要时刻了解外部变化，实时修正决策。因为事态变化非常快，所以必须在有限的时间内，广泛收集相关案例，以供决策参考。

以上四种思维能帮助大家培养动态性问题分析与决策的能力。只要具备这种能力，无论环境怎么改变，职场有任何突如其来的变化，你都能实时应对，成为最能适应外部变化的"新物种"。

第十四章 会议即战场，有准备才能不吃亏

我相信每位职场人士都免不了参与会议，更有隔三岔五开会的窘况。有许多种类的工作岗位几乎每天都要开会，例如生产制造部门每天都要开生产制造会议。

有些"科技大厂"的员工为了应付每天早上的生产制造会议，每天都会花大量的时间准备会议资料，会议的重点就是了解当天生产线的情况，遇到问题也可以通过会议想出解决方法，当下解决。

会议结束后如有任何问题就该马上处理，因为生产线最重要的是正常运作，没有比每日持续生产更重要的事了。

我在科技行业工作时，参与最多的会议就是每日的生产制造会议，我最大的心得就是"有准备的人从不吃亏"。通过那几年参与会议的经历，我收集资料、分析资料、提问、做简报、响应、逻辑思考的能力都得到了锻炼。重要的是，"有准备的人从不吃亏"，即便有错，我们也可以知道错在哪里，如何修正。不要以为"今天不是我报告"，坐着听就没事了，千万不要有这样

的错觉，否则你会被"墨菲定律"惩罚的。

这几年在辅导企业时，我发现有些客户的生产会议是两天开一次或三天开一次，着实让我吓一跳。

为什么呢？因为制造业的生产和制造是工作的重中之重，如果没有每天开生产会议，就无法了解整个生产线的状况。就算有人很清楚，也可能只有某些人清楚而已，大多数人其实都像行尸走肉一般打卡上下班，更不用谈跨部门合作了。

不过，为什么生产会议要有跨部门的主管参与呢？原因在于，生产会议上可能会遇到一些状况，由于生产制造的特点是要求立即处理，如果在会议上各个部门的主管都参与，其实就可以马上做决定，确定解决方案。否则会议之后，还是要有人去通知相关部门主管，重新把问题讲一次，这样处理问题的时效性就会差很多。

因此，我就要求我辅导的企业每日的生产制造会议，除了生产、制造、工程、设备与品保等部门主管参加外，IT部门的主管也要参加。为什么IT部门的主管要参加呢？因为生产信息与IT息息相关，若当天生产状况与IT有关，IT主管就必须马上说明，不仅能让各单位主管了解生产状况，当生产遇到问题时，也可以有效解决。

有一次，我参与辅导企业的生产制造会议，我看到当天的良率只有90%，是过去一段时间内最低的数字，接着我就问了四个问题：

① 你们如何确定良率的准确性？

② 良率公式是怎么计算的？

③ 是什么原因造成良率这么低？

④ 良率这么低，有没有马上召集相关人员开会，商讨处理方案？

面对以上四个问题，他们支支吾吾。我就告诉他们，那么重要的生产指标发生问题，居然没人能清楚回应，这是很严重的问题。我要强调的是"会议就是战场"，没做好充分准备的人，就会"战死"在会议上。

接下来，我就与大家分享这些年来的会议心得和我认为实用的简报技巧。

不啰唆、讲重点，避开"简报地雷"

不知道大家有没有看过乔布斯做简报的视频，他做简报的功力非常厉害，堪称是"产品营销之王"。如果上台报告时模仿乔布斯，我们做简报的能力是不是也能提升呢？

当然不可能，因为你和乔布斯做简报的方式完全不一样。乔布斯做的简报主要是"产品简报"，一般公司员工做的简报以"商业简报"为主，以"解决问题的简报"居多。

第二部分
高效、高准度的不败工作法

商业简报有特定的目的，销售产品只是其中之一。商业简报也会以介绍一项服务或是一个创意的形式来呈现。因此，商业简报特别讲求打动人心，让对方愿意为"我们提供的解决方案"买单。

大多数职场人士都做过简报，每天可能都有一堆事情要向主管报告，可能是工作执行进度、项目报告、企划提案等。相信很多人都有上台后被轮番"炮轰"、羞辱的经验。有不少人觉得，一上台到处都是"地雷"。

科技行业内部的简报多是偏向解决问题的，这是训练员工逻辑、思考及批判思维的最佳时机。一站上台，人人都可以发声挑战简报内容，这个挑战不是要打倒任何人、故意让人难堪，而是反映实事求是的精神，也代表演示者对一言一行负责的态度。无论任何职场、任何简报，我们都必须有这样的认知。

如果某人经常发生简报词不达意、避重就轻，话说得太满或虚实拿捏不当等情况，他的工作能力就难免会遭到质疑。更严重的是，对外做简报时，这样的简报会影响公司形象，让客户认为这家公司"言过其实"。

简报不外乎表达顺畅、进退有据，如实地将数据呈现，逻辑推演切合主题，在时间有限的情况下力求说重点，同时归纳结论或重要发现。市面上有很多提升做简报水平的工具书，我建议大家可以参考练习，揣摩成功经验。我相信通过锻炼，人人都可以成为"简报达人"。

简报要特别注意五大禁忌,也请各位看看我如何避免"踩雷"。

1. 动画太多,太过华丽

做人最忌华而不实,简报也是。我们不要花太多时间"美化"简报,反而忘记简报最重要的目的——解决问题。

有一次,我辅导的企业有一个项目组向我报告项目内容,打开第一页立刻跳出一堆动画,还有配音。当时我就变脸了,说:"我是来看你们报告项目内容的,不是来看这些'花拳绣腿'的,请直接进入重点。"

简报不是设计比赛,选择适合的投影仪、容易阅读的字体、字号和版面,大致就可以了。字体和颜色不要超过三种,版面务求简练,移除不必要的噪声才能凸显重点,简单反而更有力量。

千万记住,不要花太多时间美化简报,主管和客户不会赞美你的简报"看起来很漂亮",他们宁可你把时间花在真正的问题上或解决问题的过程中。

2. 前面两页,听不到重点

研究显示,"当人在倾听时,注意力只能持续五分钟",之后就会渐渐走神。因此,在有限的时间内做简报,一定要把握黄

第二部分
高效、高准度的不败工作法

金时间讲重点。

我们一定都遇到过主管滔滔不绝讲了一堆废话，完全无法让人听出重点。这种情况下，大家通常会干脆"闭上"耳朵，放弃聆听。做简报也是如此，一旦听众感到不耐烦，讲话人讲得再多也等于白讲。

因此，我建议大家把简报的重点放在越前面越好。越早破题，事情反而越明朗，不会让人有雾里看花的感觉。

我辅导的一家企业曾遇到过客户吵着要求产品降价的问题，主管因此要求员工整理一份分析报告。当时，简报的第一页直接就表明结论：不降价。主管看到结论，面带微笑地说："很好，跟我想的一样。"简报的第二页才根据结论提出不降价的理由。主管花了三分钟听完，心情非常好。

其他组做简报的时候，前面几页都在铺陈各种信息、看不到重点，主管也就慢慢失去耐心了。

在准备简报的过程中，我们要厘清数据之间的关系、分析利弊，每个细节和疑问会在这个时候得到最合理的解释或解决。既然我们可以归纳出结论，为什么上台做简报时不干脆直接说出来呢？记住，多数的时候，听众都想直接进入重点，在第一页讲出重点，听众才能根据结论提问，你才能顺理成章地展示其他信息和数据作为结论的支撑。如此一来，你做的简报才会有互动，也才能解决问题。

3.逻辑架构与思维脉络，看不出来

几乎所有的问题都有因果关系，因此解决问题的步骤、逻辑、依据等都要在简报上清楚呈现。

记得有一阵子，我们公司的服务器常有问题，由于经常发生问题，导致数据没办法呈现在报表上。我们很想知道，为什么服务器会常出问题，我就要求负责服务器的同事以简报的形式解释这个问题。

同事在报告时，逻辑并不是很清楚，整个简报甚至看不出解决问题的主要步骤。

记住，提不出让人信服的解决方案，整个简报等于没有意义，不能把问题"重新包装"后丢给别人。

在解决问题的简报中，最好的呈现方式是"放主标"。这能帮助我们在看报告时，清楚看到解决问题的思维。"主标"应包含：问题描述、现状分析、暂时对策、原因分析、对策思考、效果确认、如何防范再度发生，以及类似产品是否有同样问题。只要有工作项目，一定要有负责人跟进完成时间，这些在简报中都应如实呈现。

假设我想了解一个项目执行的对策经过一段时间是否还在持续运作，同事简单准备了一页简报向我说明，如表14-1所示。大家看到这样子的内容是否觉得缺少了一些内容？这样的逻辑架构清楚吗？

表14-1 一个项目执行的三个对策

对策名称	是否还在持续运作	附加说明
A. 建立图纸审核流程	否	改用更好的方法
B. 建立质量管理审查流程	是	
C. 建立技能检定流程	是	

我的答案是"不清楚",因为我没有看到时间轴,不知道何时实施A对策,也不知道会持续进行多久,还看不出为什么要采用更好的方法,更没有看到分析的结果。

我会给这样的简报打零分,因为这只是把问题和结论写出来,完全不见逻辑推演的步骤,好像所有的问题都"理所当然"解决了一样。但这样的"事实"往往一戳就破,完全经不起质疑,更不用谈实际执行起来还要面临重重考验了。

4. 只有图表,不见结论

每一页简报都要有小结,单页的简报,结论要放在第一行,而且结论要有依据。很多人在做简报时,或多或少都会放一些图表,最常见的图表就是趋势图、柱形图或饼图。但若简报上只有图表,不见结论,等于是在考验听众看图说故事的能力。

这种简报不免会惹来质疑:"请问你展示这个趋势图,想呈现的结论是什么？"你的主管也可能会问："不要用一张图让我猜结论，可不可以直接讲你的结论？"换句话说，我们要聚焦于每一页简报的内容，图表的分析是过程，图表分析完的结论才是重点，而分析过程的逻辑是否合理、是否有依据支持，这都是制作简报时必须注意的要点。

我举个例子，我辅导的一家企业每年都会有项目改善的主题，每一个主题都可以参加公司的改善竞赛汇报，有时候你就会看到没头没尾的图，如图14-1所示。这张图上只有分析各个改善主题因应对策的执行状况，但不知道做简报的人到底要告诉听众什么结论，听众怎么猜得出来。

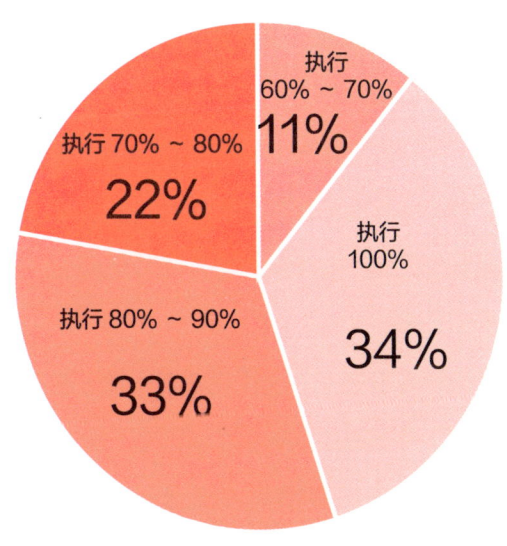

图 14-1 各个改善主题因应对策的执行状况

5. 简报的文字或数据，自己没完全弄懂

简报呈现的文字与数据的正确性，你一定要百分之百清楚，才会知道自己在讲什么，从而避免一问三不知。

曾有一位朋友跟我说他的故事：先前有一家大客户的产品交期延迟了半天，主管要他写报告向高层主管做简报，解释这家客户的产品为什么延迟。

在会议上，好几位主管提了很多问题，质疑简报中的一些数字。其实当时的他，并不清楚这些数字如何得来。这些数字都是他直接从公司系统导出来的。他没有质疑这些数字就直接做成报告，也没有从报告的结论反推，思考这些数字的意义。主管们问的都是一些很基本的逻辑，而他居然答不出来。那一天的会议，我的朋友就"挂"在上面了。这个打击也让他反省，成为促进他成长的一个很好的契机。

另外，我举一个在企业辅导遇到过的案例。曾有一位主管向我做简报，说明6—8月设备故障的维修时间，如图14-2所示。当我看到这些数字的时候，我就问："为什么7月的维修时间只有65小时？你到底做了哪些对策呢？"

结果他当场回答不出来，这让我吓了一跳。这不就是三个月的数据吗？为什么没有将每个数字了解清楚？为什么自己不清楚的东西，还要放在简报上说明呢？做简报一定要有基本认知，只要有数据呈现，演示者都必须了解每个数字背后的意义。

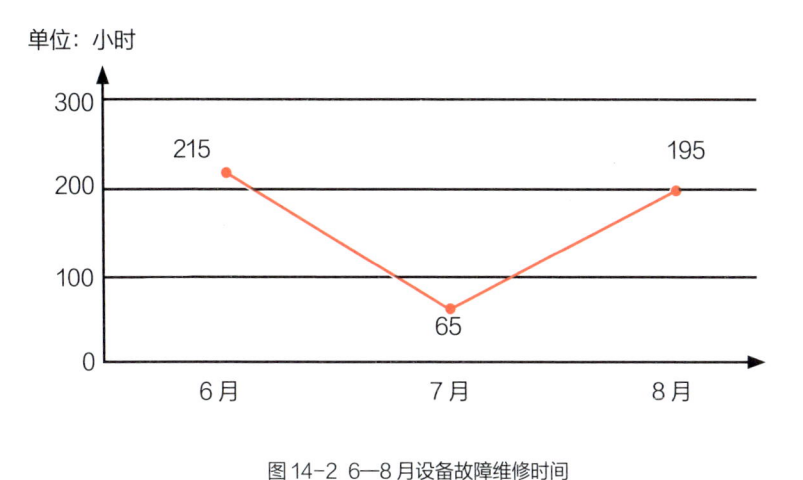

第十四章
会议即战场，有准备才能不吃亏

单位：小时

```
300 ┤
    │   215                        195
200 ┤────●─────────────────────────●────
    │      ＼                    ／
100 ┤───────＼──────────────────／──────
    │        ＼      65       ／
  0 ┤─────────●──────────────
         6月         7月         8月
```

图14-2 6—8月设备故障维修时间

本章介绍了五个简报的禁忌和上台的"地雷"，反过来看，这也是五个简报的技巧，如图14-3所示。很多人在工作中都需

简报禁忌	改善技巧
动画太多，太过华丽 ✗	简报的目的——解决问题比美化设计更重要
前面两页，听不到重点 ✗	简报开头，先说重点
逻辑架构与思维脉络，看不出来 ✗	借助"主标"，让简报逻辑清晰
只有图表 ✗ 不见结论	每一页简报，都要有结论
简报的文字或数据，自己没完全弄懂 ✗	要弄清楚简报涵盖的所有数据

图14-3 简报禁忌和改善技巧

要用到简报，我也常听到很多职场人士存有疑惑，自认解决问题的逻辑不好、做简报的能力更不好，因而想培养批判性思维。其实，只要把每天在公司发生的问题用简报呈现，利用本章提到的五个技巧练习，我相信你一定能慢慢提升自己解决问题的逻辑思考能力。

第十五章 开会被问"倒",绝不能说"事后回报"

我工作二十多年了,很多学员会问我:"我如何才能培养解决问题的能力?"这种情况下,我都会回答:"从'开会'开始学习。"

这就是说,要把每一次的会议当成学习的机会,利用不同形式的会议培养自己解决问题的能力。

假设你每天都要参加大大小小的会议,你可以试着想想,如何通过开会培养解决问题的能力。从不同形式的会议中所学到的能力并不一样,你是否能针对不同类型的会议,从不同形式的会议中培养自己解决问题的能力?

三种高效会议

这几年做企业辅导的时候,我经常向企业介绍三种会议,帮助企业提升开会的效率及培养员工解决问题的能力,成效都非常好。

第二部分
高效、高准度的不败工作法

1. 部门例行性会议：强迫提问

在我辅导的案例中，很多企业的会议都是员工报告完后，只有主管提问，其他人闷不作声，第一位员工报告结束，就换第二位员工上台，依序报告到结束会议。这样的会议，只有报告人对主管报告，其他人几乎都认为"事不关己"。你的部门的会议也是这样吗？如果是的话，那真的很可惜，现在连大学生上台报告，台下反应都不会如此冷漠。

接下来，我就导入"强迫提问"的形式，一个人报告完后，主管会问参会的每个人"对报告的看法"，每个人都要发言，也一定要提问，这就是规定。我相信一个有作为的企业，每一场会议都不是无效会议或沦为"一言堂"。

我们可以想象，这样"强迫提问"的形式也间接启动了员工的学习模式。其他员工报告时，要专心听，如果自己问的问题没有切中要害，大家也会有所比较。每一位员工提问时，大家又会互相讨论、分享彼此的答案。无形之中，所有与会员工的逻辑思考能力都得到了训练，同时还能听到别人的看法和见解。

另外，因为不是每个人都参与了每份报告和项目，所以员工一开始开会根本问不出太多问题。这就要求员工们在每次开会之前，一定要先看过别人的报告，才能在开会时提出问题。当知道报告时会被同事提问，你就必须事先模拟，做好准备。如此一来，你就能更好地掌握报告主题，甚至发现更多解决问题的细节。

2. 部门项目进度会议：实时回报

有件事情令我印象很深刻。一家我辅导的企业召开部门项目进度会议，某研发处处长向副总经理、总经理报告项目进度时被问"倒"了。处长说："好，我回去查一下，明天再回报总经理。"

后来我建议他们，要在会议结束前就解决问题。当处长下一次遇到这种情况，可以利用会议空当，打电话给部门同事，让整个部门动起来，帮忙查找资料，也许能在20分钟内找到答案，接着回报处长，由处长在会议结束前向总经理报告。

遇到这类问题，若无后援帮忙，确实很难迅速回报，领导的疑问就会一直悬着，导致会议气氛尴尬。遇到问题，我们都想立刻得到解答，与其抱怨问题难缠，不如马上行动起来找答案。

换句话说，我们平时就要做好资料分类，整理好相关数据和信息，以备不时之需。我们都希望任何问题都能在会议上实时得到答案，不用每次都把问题带回去，浪费更多时间。这种类型的会议，可以训练员工如何在平时做好准备，遇到紧急情况能在短时间内找出答案。

3. 跨部门项目会议：多元思考学习

我强烈建议各大企业要有更多跨部门的项目会议，一方面可以让跨部门的沟通更顺畅，另一方面也可以通过跨部门会议解决公司存在的比较大的问题。

在跨部门项目会议上，我们可以学习不同部门的专业知识。由于跨部门项目会议规模较大，除了各部门的执行者参与会议以外，有时候执行者的主管们也会列席会议，因此可以同时和很多部门的主管开会。参会的人多了，看问题的角度就多元化了，这是一件很棒的事。另外，因为跨部门项目通常要求必须完成，绝对不能延迟，所以在项目进行中，也能间接培养员工项目管理的方法和技巧，例如：

① **向上管理**：当项目遇到瓶颈或需要支持，适度让更高层的主管来解决。

② **跨部门沟通**：来自各部门的员工有不同的个性、年资、专业度也不相同。如何带领这些人朝向共同目标迈进，是一个很棒的学习机会。

③ **逻辑整合能力**：跟高层主管报告项目进度，也是一项挑战。每次的项目内容都要用一两页简报呈现，充分考验了员工的逻辑整合及制作简报的能力。

我以前在工作时常用"会议学习记录本"。这个记录本是用电子表格（Excel）设计的，里面记载了不同的会议形式、日期和我在会议上学到了哪些东西，如表15-1所示。至今我仍维持记录的习惯，只是形式不一样了。不过重点不是形式，而是你可以针对在不同会议中所学习到的知识加以记录，养成这个习惯，会对你未来的工作有很大帮助。

表15-1 会议学习记录本

会议类型	1月1日	1月15日	1月30日
部门例行性会议			
部门项目进度会议			
跨部门项目会议			

在辅导企业的时候,我常常发现很多项目小组会议的效率不高。严格来说,这些会议都流于形式,根本没有导入管理方法和技巧。我觉得想要开会开得更有效率,就应该有一套方法、制度和必要流程。

在开会时,可以对会议前、会议开始、会议进行中、会议结束和会议后应该注意的事项,进行流程管理,如图15-1所示。

请记住,会议不只是会议,而是值得你全心投入的学习机会。

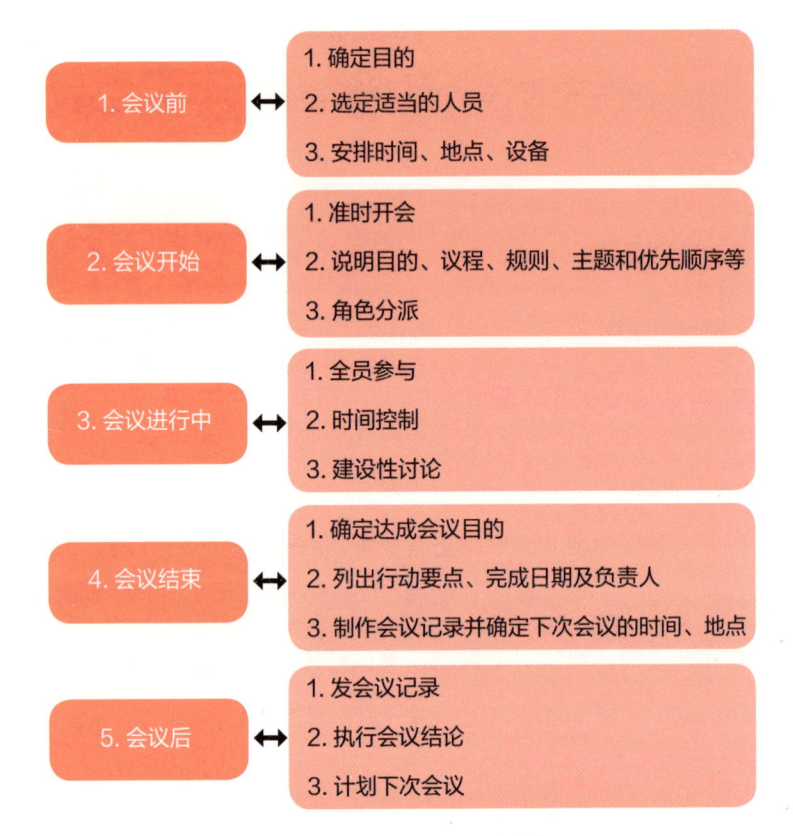

第二部分
高效、高准度的不败工作法

1. 会议前	↔	1. 确定目的 2. 选定适当的人员 3. 安排时间、地点、设备
2. 会议开始	↔	1. 准时开会 2. 说明目的、议程、规则、主题和优先顺序等 3. 角色分派
3. 会议进行中	↔	1. 全员参与 2. 时间控制 3. 建设性讨论
4. 会议结束	↔	1. 确定达成会议目的 2. 列出行动要点、完成日期及负责人 3. 制作会议记录并确定下次会议的时间、地点
5. 会议后	↔	1. 发会议记录 2. 执行会议结论 3. 计划下次会议

图 15-1 会议的必要流程及注意事项

第十六章　七个问句，有效提升提问力

相信大家在日常工作或做简报时，一定都有被主管问"倒"的经历。主管提的问题，你不是回答不出来，就是根本措手不及。

"为什么那么简单的问题也答不出来？""你自己做的报告，为什么会一问三不知？""你到底有没有专心工作？"如果面对的是严厉的主管，你可能还会听到更难听的话。

我刚入行时，也遇到过这样的问题。每次回答不出来的时候，我都会说："谢谢领导，我会去找答案，找到后再回复你。"有时候我也纳闷，为什么领导问的问题刚好都是我没准备的，而有些提问则是自己连想都没想到的。

经过几年的磨炼，我发现，要有如同主管般的提问力其实不难，重点是要清楚提问的逻辑，并且了解一般商务往来最在意的问题点。下面，我以故事来对此进行说明。

某家服务业企业每年都要将四个经营指标（满意度、总销售收入、人均销售收入、新客户数量）的季度数据报给主管，如表16-1所示。你能从中提出哪些问题？

第二部分
高效、高准度的不败工作法

表16-1 某服务业企业经营指标

经营指标	第一季度	第二季度	第三季度	第四季度
满意度（%）	99.9	99.8	99.9	99.8
总销售收入（千万元）	20	21	18	20
人均销售收入（十万元）	10	11	12	10.5
新客户数量	16	20	14	15

一般人看报告时，首先会看相关数据是否正确；然后看单一指标在各时间点变化有多大，如果变化在±2以内，大致上没有什么问题，如果变化超过±3，可能就会认为存在问题；最后才是准备相关报告，解释造成变化的原因，应该采取哪些对策，避免问题再次发生。

根据上述观点，再看表16-1，你会发现：

① 为什么第三季度总销售收入只有1.8亿元？

② 为什么第二季度的新客户数量会增加这么多？

可以很清楚地看到，一般人在看这些指标时，最在意的其实是这些差不多的数据"不要出大问题"，也确认自己有能力给出合理的解释。

学习高层主管的提问力

我们检视同一份报表，有一位承办员工只看到总销售收入和新客户数量增长乏力两个问题，但做简报时有一位主管"进一步"提了两个问题：

① 为什么总销售收入没什么增长？
② 为什么第三季度的新客户数下滑，但人均销售收入增长了？

该承办人一时答不出来。

对于第一个问题，他心想，虽然总销售收入没有增长，但至少还算持平，没有增长应该不是大问题。因此，他没发现这可能是个问题。

对于第二个问题，他确实没有发现。当下他很快想了一些理由，向主管解释，但是也觉得不对劲，因为他实际上没有正视这些问题。

为什么主管提的问题事前都无法预测呢？我们可以从这个情境发现，高层主管到底如何看企业经营指标，他们在乎的方向又是什么。

如果我们能够清楚知道他们在乎的方向，用主管的角度来看这份报表，那就可以清楚知道主管会提什么问题，也可以站在主管的角度来看待问题。如此一来，我们看问题的视野会更深、更广，最重要的是，不会被问得"满头包"。

第二部分
高效、高准度的不败工作法

从经营角度来看，我个人认为，企业的高层主管不外乎重视三个方向：

① 总销售收入有没有增长？

② 有没有潜在的问题？即使是很小的风险，他们都非常在乎。

③ 所有数字的逻辑关联，指标和指标之间的合理性。

如果你很清楚这三个方向，当我们重新来看这个案例时，你至少可以提出以下七个问题，这些问题都是高层主管可能会问的：

① 为什么总销售收入没有增长？

② 为什么第二季度的满意度下降了0.1%？

③ 为什么第三季度的人均销售收入上升，但是总销售收入下滑？

④ 为什么第三季度的新客户数量下滑，但人均销售收入上升？

⑤ 直接结合以上两个问题：为什么第三季度的人均销售收入增长，但总销售收入是下滑，而且新客户的数量也没增加？

⑥ 从趋势来看，为什么前三个季度人均销售收入逐季上升，但第四季度下滑呢？

⑦ 每个季度的满意度都那么高，请问这个指标的意义在哪里？是否要看该指标的一个反向指标——客户投诉件数？

一般人看指标的目的，跟高层主管的目的完全不一样，因此如果要预先准备如何应对高层主管的问题，就必须明白高层主管看待这些指标的用意。如果你拥有这样的提问能力，你能看到别人想不到的问题，而且站在高层主管的角度来看待问题时，未来跟主管开会就不用害怕了，因为他问的所有问题，都在你的掌握之中。这是不是很让人开心？

为了让大家更熟练地掌握这样的提问能力，我提供一个案例给大家练习。一家科技企业的经营指标，如表16-2所示。从刚刚学到的技巧，你可不可以针对这些经营指标提出五个问题？

表16-2 某科技企业的经营指标

经营指标	第一季度	第二季度	第三季度	第四季度
产品良率（%）	99.8	99.7	99.6	99.7
报废数量（件）	26	22	19	21
成品的库存数量（件）	100	100	113	114

① 为什么产品良率越来越低？

② 为什么报废数量越来越少？

③ 为什么成品的库存数量越来越多？

④ 第三季的报废数量是19件，为什么产品良率比较低？

⑤ 设置"成品的库存数量"这个指标的目的是什么？跟前面两个指标有关系吗？

培养基层员工具备高层主管的思维，用更深、更广的视野来看待问题、解决问题，这样的员工会成为企业的关键人才。只要基层员工进步了，整个企业就会跟着进步。

高层主管常问的七个问题

表16-1中只有四个常见的经营指标，但我们知道实际上企业的经营指标不可能只有四个。每家公司的行业特点不同，关注的指标也可能不一样。不过无论如何，企业追求的不外乎是永续经营，为股东及投资人创造价值。

我从事企业辅导多年，有很多机会参与不同行业的重要会议，和许多高层主管交流学习，因此练就了精准的提问力。高层主管究竟是如何看待经营指标的？他们特别在乎哪几个方面的问题？我归纳出以下七个问题：

① 如果你是我，会想看什么经营指标？
② 如果你是我，从这些经营指标中会问什么问题？
③ 说服我之前，你有先说服你自己吗？
④ 针对这些经营指标，你看得"深、广、远"吗？
⑤ 如果重新选定日常评估的指标，新的指标会是什么？
⑥ 没有问题的指标，真的没有问题吗？
⑦ 可以从有问题的指标中找到机会吗？

如果是很少和高层主管开会，不需要那么高深提问力的职场人士也不用担心,我再提供七个简单的提问技巧,帮助你"提出好问题,得到好答案"。这七个提问技巧分别是:比较、5W2H、假如、可能、想象、除了、替代,如表16-3所示。只要融会贯通,这七个技巧随时都能派上用场,真的非常好用。

表16-3 七个提问技巧

项目	内容说明
比较	就两项或多项资料比较异同,例如:甲机器和乙机器、A主管和B主管
5W2H	利用"5W2H"发问:Why(为什么)、What(是什么)、Where(在何处)、When(在何时)、Who(由谁做)、How(怎么做)和How Much(要多少)。把这些问题放在一起,可以弥补思考问题时的疏漏
假如	思考假设的情境,例如:如果你是操作人员,你会如何?如果你是顾客,你想要的是什么?
可能	利用联想推测事物可能的发展方向或做回顾与前瞻性的了解,例如:采用A方案可提高工作效率,但可能对质量造成哪些影响?
想象	运用想象力或化不可能为可能的事物,例如:这个作业方式最理想的状况应该是什么样子的?
除了	为了突破成规,寻求不同的观念或答案,例如:除了用甲、乙两种方法外,还有没有其他方法?
替代	用其他字词、物品、观念取代原有事物,例如:采用人员来量测的方式费时费力,可以用什么东西来替代?

第二部分
高效、高准度的不败工作法

我举一个例子说明,请大家实际用七个技巧提问。某个门店近三个月的营业收入情况如图16-1所示。请大家根据这个营业收入情况,利用刚刚介绍的七大技巧试着提问,可参考表16-4。

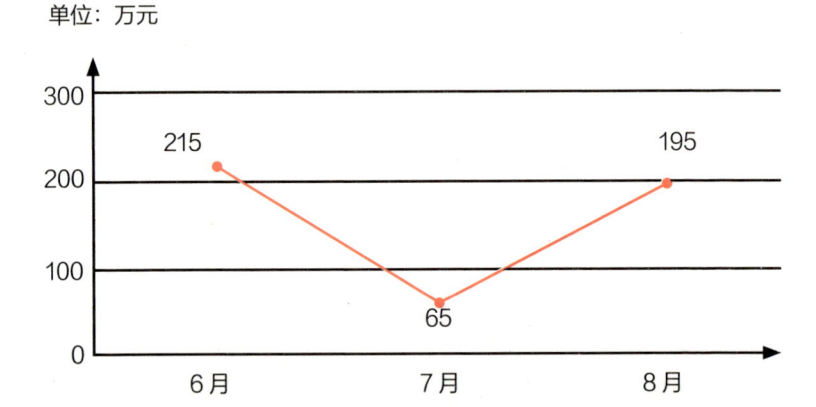

单位:万元

图16-1 某个门店三个月的营业收入

提问能力、问题分析与解决、逻辑思考能力,这些职场的基本功不会随着时代变迁而变得不重要。每个时代、每个行业、每个职场,都会有新的问题有待我们解决。"提问是学习的开始",多问多学,通过整合问题,厘清思考脉络,才能训练自己的逻辑思考能力。

第十六章
七个问句，有效提升提问力

表 16-4 针对某个门店三个月营业收入的问题

项目	问题
比较	①可以用月份来比较： 为什么 6 月的营业收入那么高，7 月营业收入那么低？ 前面几个月的营业收入情况如何呢？ ②年度也可以比较：去年同期的营业收入如何？ ③门店与门店之间也可以比较：其他门店在这几个月的业绩也跟我们一样吗？
5W2H	① What：为什么 7 月的营业收入只有 65 万元，请问这三个月营业收入的目标是多少？不同月份的营业收入是一样的吗？ ② How：7 月的营业收入大幅下滑了，请问当下我们要做什么？（其他问题依次列举）
假如	①如果你是店长的主管，请问你看到这张图会有什么感觉？ ②假如把这张图给基层的员工看，请问他们会有什么想法呢？
可能	① 7 月的营业收入只有 65 万元，8 月的营业收入又上升到 195 万元，请问有没有"可能"是做了哪些对策？还是什么都没有做，只是因为市场上某些变化而让 8 月的营业收入上升了？ ② 6 月的营业收入很高，7 月的营业收入比较低，有没有"可能"是人员松懈了，或者有没有"可能"是天气的关系？
想象	①我们是否可以"想象"一下，我们还可以做哪些事，可以让未来几个月的业绩都超过 200 万元？ ②我们可以"想象"一下，如果未来的行情不错，那现在是不是要招募一些人进来？
除了	①除了现在已有的拜访客户的方式外，我们还有其他方式增加和客户接触的机会吗？ ②除了 7 月的营业收入下滑之外，请问之前还有哪些月份的营业收入下滑呢？
替代	①你觉得营业收入下滑是跟两位员工的工作表现有关。那如果把这两位员工换掉的话，我们有哪些备选方案？ ②如果我们把现行的产品换成其他的产品，请问营业收入会马上提升吗？

123

第十七章 把握帮助他人的好机会

我们在工作中总会遇到各种问题，有些问题可以靠经验或思考解决。但更多时候，我们都需要求助于人。自己如此，其他同事也是如此。什么都会、凡事只靠自己的人应该算是"稀有动物"。我们要学习帮忙、正确地帮忙，让所有的合作、互助产生正向循环，职场才会充满正能量。

如果别的部门主动请你帮忙，但这些事情与你的工作和绩效没什么关系，你会愿意帮忙吗？很多时候，我们连分内工作都忙不过来了，根本无暇协助别人，但你有没有想过，会不会因此错失学习甚至是升迁的机会呢？

学习辨识"麻烦事"和"好机会"，是职场生存的重要技能。若你遇到一个好机会，该如何把握呢？

我先谈跨部门沟通的问题。许多企业存在部门间沟通不畅的情况。造成这种情况的主要原因是组织本身文化的问题。很多公司总说把员工当成"一家人"，但实际上部门与部门之间、人与人之间是泾渭分明的。

现实是，上级通常只会制定出各部门的年度KPI，部门与部门之间很少有合作的机会。"兄弟爬山，各自努力"，大部分人也都是执行主管交代的任务，达成自己的KPI，行有余力才会主动帮助其他人。

那么，当其他部门需要你的支持和协助时，你应该怎么判断要不要帮忙呢？

判断是否协助跨部门项目的标准

1. 这个项目由老板或主管交办

如果跨部门项目是由老板或主管交办，或是由别的部门通过你的主管指名要你帮忙，你一定要二话不说主动协助。此时指定你不外乎有两个原因：

① 你很有能力，老板或主管不信任其他人；
② 和其他同事比起来，你的时间更宽裕。

不论是哪一点，这个项目你必须当仁不让。

2. 项目由别的部门直接交办

如果是由别的部门主动找你帮忙，你不妨好好评估：如果这件事并不困难，或者将来你可能也需要该部门帮助，此时最好答应帮忙。在职场上，不仅要会做事，也要会做人，维持良好的人际关系相当重要。今天建立的人脉，未来肯定可以派上用场。

3. 对自己未来的工作有帮助

当别的部门找你做一项旷日持久的项目时，请你先衡量自己的工作量，还有这个项目对你未来的工作有没有帮助。如果没有，而你目前的工作量也已经非常饱和了，你就该予以拒绝，不要不好意思。但如果这个项目的内容正好是你未来职业生涯发展上想补足的专业领域，而且你也有兴趣，这时我会建议你和主管沟通，在获得主管认可后，就可以去帮忙了。

我在台积电工作的时候，常有很多别的部门主管请我帮同事上课。有一段时间，我担任公司内部"问题分析与解决"课程的讲师，只要有部门主管想要提高部门工程师系统性问题分析与解决的能力，就会给我发邮件，请我规划、安排课程。给这些工程师上课，对我当时的绩效是没有任何帮助的。但帮别的部门上课，其实可以让我不断提升自己的授课技巧，对我后来的讲师生涯确实有非常大的帮助。

如果你只愿意完成自己分内的工作，虽然同样是完成主管交办的任务，但长此以往就看不出你额外的价值。从职业生涯发展的角度来说，多做跨部门项目会让你接触到不同的人。这样你就可以从不同的方面思考问题，甚至可以发现自己的不足。这些经验都将成为你未来职业生涯的重要拼图。

"跨出舒适圈"是励志的金句之一,你不妨先跨出部门试试看。当"好机会"降临时,我们又该如何把握呢?

眼光不要只看当下

其实"好机会"这个概念比较主观,每家公司或多或少都有这样的机会。曾经有一家我辅导的公司要进行ERP(Enterprise Resource Planning,企业资源计划)系统升级。这可能是这家公司十年或二十年一次的大项目,比每天要处理的日常工作还重要。在大多数职场人士的职业生涯中,遇到这样大项目的机会并不多。像ERP系统升级这种由各部门高层主管统筹的项目,就是你绝对要把握的机会。

如果你因为担心自己经验不足、技术不过硬,害怕搞砸整个项目,所以不敢争取的话,也别担心,我分享自己的经验,提供三个技巧。

1. 主动争取当助手

一般来说,这类大项目都会由比较资深的人员负责,但你可以跟主管争取,表明自己愿意当助手。这样,你就可以参与项目会议,遇到问题时还可以向资深的人员学习。

除此之外,你也可以主动申请做会议记录。在通常情况下,大型项目的会议冗长且复杂，很多人都不愿意接下做会议记录这份苦差事。但与会的人员全是各部门主管，甚至还有外部人员，如果你能参与会议，从这些会议中累积下来的思维方式和逻辑分析，都是很好的学习素材。

2. 找帮手

假设这个项目由你负责，而你又对自己的能力没有信心，那我建议你找主管，表明自己资历尚浅，过程中会有很多不懂的地方需要人帮忙。必要时，你甚至可以向主管开口"讨救兵"，指名请同事帮忙，从旁协助你。更重要的是，这会让主管或老板看到你的主动性和积极性，让他们多给予资源和支持。

3. 主动请教

如果项目不是由你负责，你也没争取到帮忙的机会，但你又真的很想学习，那我建议你请教负责这个项目的同事，跟他询问会议内容，同时明确表示如果对方有需要的话，自己可以当助手。

职场很"现实"，不需要多说，我想大家都能明白。如果别的部门真的需要协助，不管你答不答应，都要请对方发邮件，并在邮件中说明希望你帮忙的事项、工作细节，最后再请他抄送你的主管，让你的主管清楚地知道你被请托做些什么。

第二部分
高效、高准度的不败工作法

积极协助跨部门项目,能提升你的眼界、让你获得好口碑。下次做大型项目时,大家也比较容易想到你,这会让你比同事更容易获得晋升的机会。

第十八章 公平的考核是否公平？

某银行南部分行的A理财专员，2020年每月理财手续费收入未达部门设定的目标100万元。他的主管分析，虽然2020年市场行情不好，但大部分理财专员上半年还是可以完成任务目标的，只有A理财专员做不到。而且，别的理财专员每天都工作到20：00，A理财专员却总在18：00准时下班。其他理财专员每天打给客户的电话都超过20次，A理财专员每天给客户打电话的次数只有其他理财专员平均次数的一半。2020年，受到新冠肺炎疫情影响，很多理财专员、银行投资部门的绩效都不好，不过还是有很多理财专员的表现不错。

"这些事情，我都看在眼里，我们每月、每周都有定期复盘，但A理财专员的绩效还是不如预期。按过去的经验，我早就把他开除了！就只差那一步。"A理财专员的主管如此抱怨。

不知道大家怎么看？或许很多人会觉得，绩效好的理财专员一定非常努力，而"准时下班""不用心维护客户关系"的A理财专员肯定在"摸鱼"。因此，这个问题再怎么分析，答案都一样，就是开除A理财专员，重新找一位工作勤奋、能力强的新人取代他。

不过，问题有那么简单吗？一旦业绩不好就把人开除，那么这家公司也好不到哪里去吧。为了厘清这个问题，我建议这位主管用问题分析三步骤DAS（Description Analysis-Stratification，描述、分析和层次分析）寻找线索，并和A理财专员一起讨论。

问题分析三步骤DAS是通过描述、分析和层次分析三个步骤，有效厘清问题发生源的具体方法。让我们一起看看，A理财专员实际上遇到了什么状况。

问题描述（Problem Description）

我们先进行问题描述。我推荐大家使用3W1H（What、When、Who、How Impact，什么、何时、谁、有何影响）描述问题，如表18-1所示。A理财专员平均每月理财手续费收入为50万元，未达到100万元的任务目标，已经连续七个月没有达标。如果问题不解决，A理财专员的年终奖金将减少两个月的工资，更严重的是分行总收益下降300万元，分行排名下滑11名，评级从A级降至B级。

表 18-1 问题描述

3W1H	描述
What	发生了什么问题
When	此问题何时发生
Who	谁发现此问题
How Impact	问题不解决有哪些影响

问题分析（Problem Analysis）

针对A理财专员2020年1月至7月平均每月理财手续费收入50万元，未达到100万元的任务目标的问题，在问题分析的步骤，我们需要探讨A理财专员过去几年的绩效表现。回溯过去，我们才能有凭有据、互为对照，进而思考当下为何会出现问题。

调查发现，A理财专员是2018年底录取的新人，2019年表现不错，每个月理财手续费收入都达成了部门设定的目标。这样看来，A理财专员2019年达成任务目标，而2020年1月至7月都没有达成任务目标。因此，从个人角度来看，A理财专员的问题是不是个人因素或是家庭因素造成的？这个分析的角度是A理财专员的主管之前没考虑到的方面，这是一个很好的切入点。

第二部分
高效、高准度的不败工作法

问题层次分析（Problem Stratification）

接下来，我们比较A理财专员与其他理财专员的层次指标，这样的比较就是层次分析。我们分析了六个项目，如表18-2所示。分析结果出炉，A理财专员的主管才恍然大悟，2020年由于疫情的关系，整个投资市场惨淡，以投资为主的理财产品损失很大，而大部分的散户都会先逃离市场，所以A理财专员的问题不全然是个人问题，很有可能是市场的问题，不能全怪罪于他。

表 18-2 A 理财专员与其他理财专员的工作指标层次分析

层次指标	A 理财专员	其他理财专员
每月约访人数	2 人	5～6 人
每日客户通话次数	10 次	20 次
理财产品情况	投资比例为 90%	投资比例为 30%，保险比例为 70%
工作时数	8 小时（不加班）	平均 9～10 小时
客户资产	12 亿元	平均 20 亿元
客户类型	散户	高资产企业主

A理财专员的问题被我们运用了问题分析三步骤DAS厘清。在分析过程中，本来认为A理财专员"摸鱼"，因而想开除他的主管也看到自己的盲点。分析后我们发现，绩效未达标极有可能

不是A理财专员的问题，而是他所负责投资为主的理财产品受疫情影响较大，而其他理财专员同事负责的产品以保险为主，受疫情影响有限。

真没有想到，过去累积的经验，居然会成为决策的盲点。

运用问题分析三步骤DAS，我们可以看到更完整的问题，甚至是不同的发生源。只要习惯以系统性的方法和工具厘清问题、分析问题，我相信有90%以上的问题，都可以突破思考盲点。

如果大家都学会这套方法的话，我出一道题目，让大家更熟悉这种方法，一次使用就能上手。假设某工厂内，同一种机器总共有三台，编号为A、B、C。有一天，A机器突然发生故障，请使用问题分析三步骤DAS来分析。

（1）问题描述。请自行进行问题描述，如表18-3所示。

表18-3 描述问题

3W1H		描述
What	发生了什么问题	
When	此问题何时发生	
Who	谁发现此问题	
How Impact	问题不解决有哪些影响	

（2）问题分析。问题分析就是进行比较，我们可以先简单了解该机器的使用年限，这是很容易掌握的切入点。

假设该机器已使用五年了，可以比较过去五年发生故障的次数，然后了解一下，当时是什么原因造成故障，上级又有什么对策因应。在问题分析这个步骤中，要完整比较过去与现在遇到的问题。另外，眼下的问题也要解决，要进一步了解该机器目前的故障是哪方面出了问题。

（3）问题层次分析。机器总共有三台，A机器发生故障，B机器和C机器正常运作。我们再针对这两个组别进行差异分析，层次指标可能是压力设定数字、温度设定数字、产品材料的供应商、操作人员与操作方法等。只要通过这样的分析，应该就会发现一些蛛丝马迹，进而厘清A机器发生故障的原因，你也可以列表分析试试看。

我相信任何职场人士只要学会了问题分析三步骤 DAS，以后不管遇到什么问题，一定都能有不同的思考角度，并能做出对的决策。

第十九章 升迁的五种能力

往上爬，才能看得更远，人生才有不同的风景，这是老生常谈了。在职场打拼，"能不能升迁"应该能被视为"人生大事"之一。

升迁与否，从来都不是自己说了算的。你在职场上的表现，都是由别人打分评价。你晋升与否的最终决定权在老板和主管手上。实力和表现是升迁与否的先决条件，这是最普遍的认知，任何人都不会提拔一位没有贡献的人。因此，"努力"非常重要，而且要让你的努力被别人看见。

在职场中常有这样的情况：同期加入公司的同事晋升速度比你更快。你该怎么调适心态呢？你是一边真心为同事得到晋升而感到开心，一边暗自沮丧吗？或者，你有没有分析过，为什么自己的能力其实并不差，却比别人晋升得慢，到底是哪个环节出了问题？

我刚工作的时候，有一些跟我同期进公司、交情也还不错的同事。后来，其中有几位同事升迁的速度特别快。老实说，我一开始心里难免有些情绪，因为我自认能力并不比他们差，但是升迁名单上就是没有我。我当时不免会怨天尤人，说什么"云淡风轻"其实都是后话了。

在事情发生的第一时间，我不是整理桌面、打包走人，因为这本来就不是比赛，我也不认为自己是输家。我告诉自己要尽快调整心态，不能深陷在不平衡的情绪里，这时候应该"先把自己整理好"，理性审视自我，想清楚到底哪里做得不够。主管没有让我升迁一定是有原因的，肯定是我某方面做得不够好，或者还有很大的进步空间，我的能力不只有现在这样而已。

除了检视自己之外，我还用心观察他人，学习他们优秀的地方，同时也彰显自己的努力。

我发现优秀的人都做好了五个方面的事情，我在此和大家分享。你也可以看看自己的周围有没有这样的同事。

① **专业能力**：要得到主管信任，工作领域内的专业度必不可少。尤其在大公司，要想得到升迁，你就要具备很强的专业能力。

② **态度与工作方法**：你遇到问题的态度是什么、解决问题的方法是什么；同样的问题出现时，你有没有效率更高、更聪明的方法，这些都会被主管看到。在你解决问题的过程中，主管看的不只是结果，还会观察整个过程。

③ **努力**：你的同事大多比你想得还要努力。即使拥有很高的学历，他们还是每天比其他人更早到公司，更晚才下班，甚至连假日都在工作。试想一下，条件那么好的人都那么努力，你怎么

可以放松对自己的要求?

④ **人际关系**: 不只是工作方法,待人处事也很重要。如果人际关系不好,主管就算让你升职,其他人也不会服气。

⑤ **主管的印象**: 在主管心中留下好印象,肯定对升迁大有帮助。比方说,做别人不想做的事,像是担任年会的主持人、自告奋勇参与大型项目等,都能提升印象分。

简单来说,我认为升迁就是由这五个方面交互影响,水到渠成。通常来说,得到升迁的人都是专业能力很强、工作积极且效率高、比别人更努力、人际关系好,还会适度在主管面前表现。

以我同事的例子来说,他能在短时间内升上主管,专业能力与工作方法毋庸置疑,而且人际关系也处理得相当不错,经常协助别的部门主管完成项目,甚至会自告奋勇地接下别人不爱做的工作。另外,同样是承接项目,他会选择高层主管最在意的项目,这样就有机会定期向高层主管报告项目进度。他会在那么短的时间内升任主管也就不足为奇了。

面对未被升迁情况的六个建议

如果你是那个"没被升迁"的人,你该怎么调整自己呢?我提供六个方面的建议作为参考。你可以通过这六个方面,全方位检视自己的能力,同时因应公司需求,把自己调整到最好的状态。

第二部分
高效、高准度的不败工作法

1. 分析企业文化

别人得到升迁而你没有，遇到这样的情况，你应该先想到公司的企业文化。对优秀的人都做好的五个方面进一步分析，在你的公司，哪一个方面突出的人容易被看见，好好思考自己努力的方向是否与企业文化的要求吻合。

假设你身处的公司不重视专业能力与工作方法，只在意人际关系，那你就要思考自己是否做得到。如果自身价值观与企业文化不合拍，可能就代表自己并不适合在这家公司继续待下去。

如果企业文化和你的价值观相符，你就应该进一步调整自己，不只是心理调适，也要看看自己哪方面还做得不好，还可以加强什么能力。公司的组成就像金字塔，每年能升迁的可能就是顶端的几个人。当下也许没有你的一席之地，不代表你往后都没有机会。

2. 分析升迁者的优缺点

回到原点，我认为能得到升迁机会的人，一定有优点。用前面提到的五个方面分析升迁的理由，就能从中得知自己跟他的差距在哪里。比方说，升迁很快的同事专业能力很强，也经常为公司解决复杂的问题和项目，很懂得与主管搞好关系，因此时常被主管表扬。

分析出他人有哪些能力比你强，你就有努力的方向。这样一来，你不仅能摸索出公司升迁的规则，还能更快地调整好心态。

3. 回归升迁的本质

除了心态上的调适，更重要的是回归本质，问问自己，到底想不想升迁。

升迁不只是权力与薪资增加了，相应要负的责任也会跟着增加。就我的观察，职场上有很多人希望晋升，但期待要承担的责任相对变少，总认为有权力之后，就可以把工作丢给职级比自己低的人，变相转移责任。千万小心，这样矛盾的心理会反映在行事态度上。虽然你会因为别人升迁心里感到不平衡，但你展现出的态度也没有给人"积极希望晋升"的感觉。

你应该自问，是否准备好承担更多责任。如果真心想升迁，除了理性分析企业文化，审视自己是否表现出积极主动的态度之外，"诚实面对自我需求"也非常重要。

4. 养精蓄锐，等待机会

有些人不喜欢出风头，喜欢埋头做事。以工程师为例，我发现这种贯彻"老二哲学"的工程师为数很多。他们的心态大抵是：反正自己就是认真工作，尽量做好主管交办的每项任务，总有一天会有升迁的机会。

人的性格早在进入社会前就已定型，不会因为进入职场而大幅转变，低调进取也没什么不好。对这样的人，我的建议是持续提升自己，尽量做好专业能力、态度与工作方法、努力三个方面，让自己的优点被人看见，机会来临时主管才会想到你。

5. 考虑部门的升迁名额

一个部门的升迁名额是有限的，如果你想要晋升，就要考虑部门的升迁名额是不是已经满了。如果是，与其一直被动等待机会，不如主动询问转换部门的可能性。只要你有足够强的专业能力，换到升迁通道比较顺畅的部门可以更快地升迁。

这个方法跟"养精蓄锐，等待机会"提到的概念是相反的，一个是主动出击，另一个是被动等待。但我认为两者都有一个大前提，就是晋升的企图心要够强大。

6. 制定明确的目标

许多人遇到同期进入公司的同事升迁的情况，第一反应大多是抱怨"为什么不是我"。其实这类抱怨对调整心态是没有帮助的，应该要试着理性分析同事升迁背后的逻辑是什么，然后为自己设定目标。这点很重要，因为只有设定目标，才会有动力实践。设定目标，绝对不是"我要当主管"这样含糊的目标，而是必须给自己一个明确的时限，承诺自己在某段时间内务必达成目标。

第十九章
升迁的五种能力

　　回想当年看到同期进入公司的同事升迁，我也告诉自己几年内要升上主管，最后虽然多花了一年时间，但有了明确的奋斗目标，自己才会有明确的努力方向与动力。

　　最后，我帮大家整理了升迁的四个重点：

　　① **做好五个方面**：专业能力、态度与工作方法、努力、人际关系和主管的印象。

　　② **确认心态**：自己是否真心想升迁？自己是否准备好承担更多的责任？

　　③ **考虑实际升迁名额**：自己所在的部门升迁名额少，自己是该转换部门，还是留下来累积实力？

　　④ **制订明确的目标**：在这个目标下，列出待完成事项，并且加上时间限制，努力才会更有方向。

第二十章 设计有激励成效的考核制度

几年前,我帮一家太阳能公司导入持续改善项目。在一次辅导过程中,人力资源主管跑来问我的意见。他说刚好到年底了,准备进行考核,只是公司的考核制度非常简单,不知从何下手。

我看完这家公司的考核指标后,发现这样的考核好像只着墨于形式,完全看不出考核的目的,内容只是列出今年做了哪些事,然后直接交给主管,也没有开任何讨论会议,更不要说个别访谈了。

这让我想起台积电前董事长张忠谋说过:"大家好像都把PMD(Performance Management Development,绩效管理与发展)的重点放在考核上面,但PMD的重点应该是培养人才的发展能力(development)。这不但是下属的development,也是主管的development。评估下属的绩效,告诉他们优点和缺点,这个过程不仅是培养下属,事实上也是在培养自己,提升自己'培养人才'的能力,这也是主管最大的责任之一。"

以我个人的经验和这几年辅导企业的心得来看,良好的绩效评估方式能让员工看到自己的盲点、发现自己的潜能,同时看到同事的优点,彼此标杆学习,进而持续提升自己。接下来,我分享个人绩效考评的重点,看看我们可以从中学到什么。

通过绩效评估简报会议,标杆学习每个人

如果你的部门有六位员工,你可以要求每个人针对当年所做的日常工作与项目,制作绩效评估简报。这个绩效评估简报有固定格式,为了凸显自己的工作价值,强调自己和其他同事有所不同,这个简报至关重要,要让所有人看到自己的亮点,清楚自己的工作内容。此外,除了主管要评估员工绩效,我建议同级的同事之间也要互评。

绩效评估会议上,每个人约有十分钟报告时间,让与会主管和同事了解你的工作项目。你要清楚、切中要害地通过绩效评估简报,告诉大家今年完成的工作项目。你讲完后,与会的人还会针对不懂的地方发问。

每一位同事都讲完后,需要与会者评比:六人之中,哪一位讲得最好,哪一位讲得最差,另外四位就是正常水平。绩效互评环节,同样也是十分钟。如果对同事的工作完全不了解,其实根本不知道怎么打分,因此同事互评也是一个学习的机会。

输人不输阵,绩效评估的激励效果

因为经常进行辅导、授课,所以我认识很多职场人士。有一位P

先生跟我分享了他的小故事：P先生刚入职第一年，总觉得自己没什么像样的成绩可以写在业绩考核表上，但在绩效评估会议上，P先生看到其他同事列了许多工作和项目。当时他心想，自己明年做的项目一定要比别人多，一定要找不一样且重要的项目来做，这对P先生是很正向的激励。

输人不输阵，来年再打绩效的时候，P先生就发现自己的工作和项目成果突飞猛进。他就是以这样的绩效评估提升自己的职场能力。至少对P先生个人而言，绩效评估是反思、精进的机会，也是很好的激发个人潜能的管理机制。

这个小故事告诉我们，绩效评估有很正面的激励效果。此外，由于同事之间必须互评，所以大家平时也会留意、观察同事在做哪些项目。这也是借鉴同事、标杆学习很好的方法。"与强者为伍"，就是这个道理！

绩效评估简报应涵盖的内容

说到这里，有人会好奇绩效评估简报到底该写些什么。其实，绩效评估简报的内容大抵是绩效管理与发展项目。我建议，绩效评估简报中要分别填写五个项目：

① 核心价值属性评价表。

② 年度主要成就表。

③ 你的优势与潜能是什么？别人如何看你？

④ 你有哪些能力需要改善?列出你的提升计划。

⑤ 规划下一年度的具体主要目标与成果。

核心价值属性评价表列出了五项核心价值属性,如表20-1所示。每家公司的企业文化不同,因此核心价值属性可以做适当调整。

表 20-1 核心价值属性评价表

核心价值属性	自我评估(1~10)	具体事件描述(重点描述)
正直与诚实	9	
顾客导向	9	
创新	8	
履行承诺的决心与能力	9	
主动负责与当责	9	

自我评估1~10分,分数越高代表你在平常工作中表现出该属性越强烈,分数越低则代表在平常工作中表现该属性越淡薄。

举例来说,若你在今年做了很多创新项目,在"创新"这一栏,就可以自评8分或9分。另外,针对每一个核心价值属性,能够写出一两件具体的事件,证明评估的分数是有依据的。

第二张表是年度主要成就表,如表20-2所示。从这张表来看,

第二十章
设计有激励成效的考核制度

表 20-2 年度主要成就表

年度主要目标	年度主要成就
重要客户的交期控制	1. 建立重要客户每日报表 2. 建立重要客户追踪机制 3. 每天给客户寄送交期状态

会很清楚每个人在一年当中做了哪些项目。举个例子，一个年度主要目标是"重要客户的交期控制"，为了这个目标，我总共做了三件主要成就，分别为：建立重要客户每日报表、建立重要客户追踪机制、每天给客户寄送交期状态。

以上绩效评估项目，是要让我们不断反思，自己的优势是什么；能不能通过自身优势寻找下一个年度项目，进而发挥潜能；针对能力不足之处，是不是可以写出个人的行动计划。

我把这些绩效评估的方法跟技巧提供给这位人力资源主管后，他惊讶地发现原来整个绩效评估可以那么完整。他准备向公司建议，把这些都纳入公司的绩效评估制度。这会是一个好的开始，至少把这些东西纳入公司制度，就会在公司内部发芽，而且这些制度流程会有非常正面的效益。

我相信每一位职场人士都可以通过这些指标提升工作表现。你可以借此不断检视自己，借助与同事、主管的讨论，看到自己在工作中的盲点。你也可以找一个标杆导师，跟他一起讨论，找出自己的优势与潜能，进而不断提升自己。

第二十一章 "变"是常态，调适为上

2020年，新冠肺炎疫情肆虐，冲击全球，重创各行各业及经济民生。在新冠肺炎疫情期间，"变"已然成为生活的新常态，居家办公（Work From Home, WFH）是讨论度很高的关键词。当工作与生活的界线被迫模糊，必须改变工作形态或生活模式时，改变与否已不是选择，而是必然。

假如你期望维持与过去一样的工作模式、思维、想法，认为这个"变"再过不久就会回归正常，那么你的职业生涯很可能在未来的某一天遭遇大危机。

远程有多远？

我是企业顾问兼讲师，举我的例子你就明白了。新冠肺炎疫情前，我和同事都习惯于主动到企业内部协助客户培训员工。企业培训课程多讲求人与人之间的互动，也因为有这样的互动，所以课程才显得有趣。

这就是我的工作。不幸碰上疫情，所有线下培训课程都被迫暂停、延期，甚至取消。

如果我不试着改变、调整，只是期待疫情过去，回到往常，在一间准备好的教室里面对面授课，那么一旦企业改变培训方式，我势必会遇到危机。

怎么说呢？当疫情暴发的时候，企业可能会询问讲师有没有在线培训的可能性。一旦有讲师开始尝试在线培训，企业也在这段时间里习惯了新的机制，等疫情舒缓后，企业培训就绝对不会只有线下课程。改变的过程，当然会改变人的想法和思维，也会让企业重新思考什么样的培训成本最低、能达到最好的学习效果。

不妨想象一下，如果疫情（或其他各种危机）反复几次，一段时间严重，过一段时间回到正常状态，接着又变得严重。每一次改变，都会有不同因素，原本以为的"正常"，也会慢慢变得不再是我们想象中的模样。

四个诀窍，养成远程高效工作术

从2021年5月台湾新冠肺炎疫情大暴发开始，我心里就有不祥的预感。不过静下心想，减少人与人之间面对面往来，确实是阻断传染链的最佳做法，这样不得已的防疫措施，就是要让确诊数慢慢趋于平缓，直至归零。

因为担心新冠肺炎疫情扩大，有很多公司实施远程工作。如何高效率地远程办公,我从自身经验分享四个诀窍。

1. 每天开早会

以前工作时,我每天上班第一件事就是开早会。通过早会能了解当日的工作方向,这里提到的早会制度也是类似的。我也相信许多企业的早会制度已行之有年。

远程工作,其实只是工作地点、环境、空间不一样了,但工作时间并没有改变。此时若能建立早会制度,就能快速了解当天的工作内容,对主管和基层员工都有好处。简而言之,就是每个人都清楚自己当天要做什么。

早会的目的是沟通当天的工作,可以让每个人讲三分钟,让大家互相提醒工作事项,让工作更聚焦。隔天的早会,则需要报告前一天完成的事项:前一天有哪些成果、每件事做到什么程度、在工作上遇到哪些困难。结合当天要做的工作,每个人可以讲五分钟左右,在早会提出问题讨论。

远程早会,不一定要定期召开,初期可以一天一次,后面可以慢慢变成两天一次。远程早会的重点是养成工作纪律,使大家在居家工作的情况下也不至于松懈。

2. 平均安排会议时间

远程工作势必要通过视频会议沟通工作。比起实体会议,视频会议更容易让人疲乏，所以开会时间不能安排太密。这就是说不要整个下午——从13:00到18:00，整整五个小时都在开会。最好的视频会议方式是，开完一小时后，至少休息半小时，让身心好好放松。

视频会议开得越久越容易消耗专注力。我建议不要把重点会议密集排在一两天以内，尽量平均安排在每个工作日。此外，视频会议更讲求效率，我相信没有人喜欢一直被绑在线上。因此，视频会议中，发言讲重点、聚焦议题也很重要，把会议时间控制在一小时左右。

3. 工作分解

工作分解指的就是项目管理的工作分解结构（Work Breakdown Structure, WBS），把一个工作、任务、目标，拆解成更小的工作。为求达成目标，每个小目标都要执行到位。

举个例子，如果公司网站要进行更新，有近五十个工作项目要修改。身为项目管理者，就要把目标聚焦到每日与每周要完成的工作事项。最好能把工作项目拆解为以天为单位的任务，拆分过的工作项目更容易达成，工作效率也会更高。这样的工作方式，也是在训练职场人士工作管理的能力。

远程上班也可以进行工作分解结构，这样的工作方式不受空间影响。我们依然可以把工作分解成各个小目标，依次达成。此外，我们还可以通过撰写工作日志来记录、追踪每项工作的进程。

4. 加强定期和不定期的沟通

在家上班少了人与人之间的互动，难免会感到寂寞、无聊，甚至提不起干劲。居家工作久了，其实大家都一样，哪怕是高高在上的CEO，在家也不过是平凡人而已。

家不是牢笼，本来就是我们生活的地方，我强烈建议居家工作时安排一些放松时间，或找有趣、实用的书籍或在线课程，轻松阅读、学习。你也可以找人聊聊天、听听音乐，每天拿出一点属于自己的时间，安定身心。

身为同一家公司的员工，你可以每天花十分钟找同事聊天，彼此鼓励。身为主管，你也可以不定期找员工闲聊，听听员工的想法，慰问打气。这些看似"浪费时间"的事，其实对提高工作效率大有帮助。在这样的时刻，难得的温情比什么都重要。

"变"是常态，远程工作也是你我不得不习惯的模式。与其空等回归常态，我们不妨好好思考如何在远程工作的情况下维持高效工作的状态，也趁此机会检视自己工作习惯、工作效率的变化。重要的是，在每一次的改变中，自己都能应对自如，在短时间内调整好工作节奏，这就是高效率的表现。

第二部分
高效、高准度的不败工作法

我办事，请放心

当台湾新冠肺炎疫情大暴发时，我还发现一个有趣的现象，朋友群在聊天软件LINE上读消息和回复消息的速度好像都比过去更快了。这或许是因为，大家在家上班，无时无刻不坐在电脑前。

为什么要写工作日志？

这让我想起多年前，我在台积电上班的一段小故事。记得有一次，我们的单位要做人力资源盘点，因此主管想知道每个人做了哪些事、这些事花了多少工时。于是，主管要求我们每个人制作工作日志，每天都要做，以小时为单位记录工作内容。假设你今天上班八小时，你就要把八小时做了哪些事都记录下来。你不用写得很细，但至少要清楚记下工作事项内容。另外，工作日志也要特别区分"项目工作"和"例行工作"。

这样的工作日志，当时让我觉得很不舒服，怎么说呢？首先，我们每天工作都很忙，还要花时间写日志；其次，这似乎也意味着主管对我们不信任，所以要我们写工作日志，这样主管才会放心。

大概写了两个星期后，主管就与我们一起讨论每个人的工作日志，讨论的问题分别为：

① 你做这项工作花了几个小时？可以描述一下工作内容吗？有没有可改善的空间？

② 这项工作价值高不高？如果价值不高，是否就不要做了？或者，可以转交给谁来做？

③ 有些简单的项目，花费的时间理应不长。若这些项目花费的时间特别长，这时就要讨论：为什么你花了这么多时间？造成目前情况的真正原因是什么？你是否需要协助？

④ 若是例行工作，你就要思考如何减少工作时间。若是项目工作，缩短工时就不太可行，这时你就要思考如何投入更多的资源，以协助自己达成项目目标。

经过这一番讨论，我们就发现，有些工作真的值得改善，而有些原是员工默默在做的工作也会借此机会被主管知道。经讨论后，或许就可以把某些工作取消或外包，把精力聚焦在更有价值的事项上。

当时的这段经历，虽然可能也有不信任的氛围在里面，但最后呈现出来的成果其实都是主管在协助大家提升工作效率、把时间花在重点工作上，处理没有价值的工作才好把时间花在有价值的事情上。

回到疫情下的远程办公，如果之前主管对员工的工作成果没什么信心，那在开始远程办公后，主管跟员工之间的不信任感就会更深。

第二部分
高效、高准度的不败工作法

工作日志是管理工具

远程办公,不只是办公空间改变了,工作思维也要调整。不论是管理者还是基层员工,都要调整思维。写工作日志的真正目的不该是监督或管控员工有没有偷懒,而是通过工作日志了解大家在工作上有否遇到问题,然后一起改善,让所有员工一起朝着组织的目标迈进。只是在运用工作日志的同时,也要考虑员工的感受与工作负荷。

那么,要如何取得其间的平衡呢?我分享三个技巧,供主管和员工参考:

① 以小时为单位写工作日志,区分例行工作与项目工作。为了避免增加员工写工作日志的负担,建议写出彼此清楚的工作事项即可。

② 刚开始写工作日志,建议每天写一次。等主管与员工之间累积更多信任之后,再改成两天一次、一周一次,逐渐降低写工作日志的频率。

③ 若不写工作日志,员工就要让主管知道自己每天的工作成果。成果较少的同事也要主动跟主管报告:是什么因素让当天的工作成果减少。日常沟通可以强化员工与主管之间的信任。

填写工作日志,可能会让员工产生负面想法:是不是主管不信任我,担心我上班时间都在处理私事;是不是主管觉得我的工作成果不如预期,所以想用工作日志监控我。

第二十一章
"变"是常态，调适为上

换一个角度想，工作日志可以帮助我们检视自己的工作效率。写工作日志，类似记账。很多人说，工作几年了都没存下来钱，不知道钱花去哪里了，因此每天记账，一阵子之后，就会发现原来钱用来买衣服、首饰……如果要省钱，就要控制开支。而如果没有这样的记录，就很难知道资金的去向。写工作日志的思考方向，就跟每天记账的思考方向一样。

以这个角度来说，写工作日志，对员工、对主管、对组织其实都是有帮助的。弹性填写工作日志，也有助个人检视工作状况。通过书写工作日志来反思与沉淀真的是一件很棒的事。

后记　给正年轻的你

五个标准，判断工作的适合度

"到底什么算是好工作？"我相信每个人都可以自己定义。深究起来，人人都可以是哲学家。我的标准很简单：工作适不适合自己而已。只要每个月有七天开心上班，我觉得就是乐在工作之中了。

我离开台积电后做专职顾问工作，有位林先生听了我的在线课程后，发信请教我个人职业生涯发展问题。

林先生毕业后一直待在笔记本电脑产业担任产品经理（Product Manager, PM）。但做了五年后，他突然觉得自己并不是很适合这份工作。他要和很难沟通的伙伴共事，带领团队也常遇到挫折，有时是团队成员不愿共同完成任务，有时甚至会有情绪失控的问题。他十分确信自己不适合担任管理岗位，想转做信息安全相关的工作。他认为信息安全相关工作比项目管理、产品管理更具专业性。

我相信很多职场人士都能体会林先生的心境。其实很多人在求职前，都会根据自己过去的所学选择工作，但当我们步入职场，经过风风雨雨、跌跌撞撞后,总不免会自问:"这份工作真的适合我吗?"该如何分辨工作是否适合自己,我分享五个标准帮助你重新认识自己和工作。

1. 上班情绪:每月30%以上时间,带着愉快的心情上班

你可以试着感觉自己每日心情的起伏。如果你每天起床上班是开心的,会在脑中想一下今天的工作事项、可以学到什么。如果你每月30%以上时间(每个月约有22个工作日,30%约为7天)的工作状态是这样的,依据我的职场经验,这是一件很棒的事。

我在台积电工作时,每天开车通勤往返新竹和台北,我常在开车途中想好今天有哪些事情要处理、要开哪些会议、资料是否都准备好了、主管会问哪些问题、项目进度是否都如期等。我每次想着想着都觉得很兴奋,因为自己又可以通过工作学到新的知识了。如果你也有这样的心态,那我认为你对这份工作肯定是喜欢的。

进一步来看,你必须检视自己对工作有没有抱持积极的态度。当问题出现时,你会不会主动处理?你会主动吸收与工作相关的知识,还是相当被动,交办事项一定要别人讲才开始行动?若你是处于被动状态的,那对你而言,这份工作可能就只是一份工作,因为你无法怀抱热情,也没有动力前进。

工作的职责在于处理问题、完成主管交办的事项、达成目标。如果你下班之后就不想动脑,总是上班时才开始想办法,这也没有

不对，只是你把工作与生活切割得很清楚。不过或许可以由此判断，你对这份工作可能没有那么大的热情。

但如果你有一项很想克服的任务，洗澡时也想，睡前也想，甚至半夜醒来都有灵感，最后还从工作中获得成就感，得到主管肯定，而你也为此感到开心，这就代表你喜欢这份工作，而且乐在其中。

2. 工作内容：工作内容一半以上不厌倦，代表还有热情

我们不应该很武断地用"喜欢"或"不喜欢"的二分法划分工作，这就像去游乐园玩一样，一定有你想玩的设施和不想玩的设施。再怎么喜欢的工作，一定也会有你不喜欢的任务，反之亦然。

因此，我建议可以试着把工作进行拆解，将每天要做的任务分成细项，将其分为三类：喜欢、不喜欢、没感觉。如果当中有一半以上是你喜欢做的事，就代表你对这工作还怀有热情。

例如有一份工作是提升公司网站的流量，为了节省公司的营销费用，需要优化关键词，让客户可以通过搜索引擎搜寻关键词快速找到公司网站，增加公司网站流量，提升公司实质业务量。这份工作可能会拆解成三个细项：

① 定义公司网站的关键词（三分之一）；

② 修改公司网站的内容（二分之一）；

③ 每天监控公司网站的访问量（三分之一）。

如果这三项中,有两项是你喜欢做的事情(三分之二),那就代表你对这份工作怀有热情。

我再举一个财经记者的例子,简单说明财经记者的一天:

① 领导指定新闻选题,记者风雨无阻外出采访,赶回电视台制作新闻视频;

② 等待领导核稿,同时被编辑催促新闻视频(马上要播出了);

③ 追踪产业消息,打听市场上的消息,充实财经知识。

这位记者对领导安排的工作非常不满,只是忍气吞声、混口饭吃,更不喜欢被编辑催促交稿,甚至遭到恶言相加。唯一支持他做这份工作的原因,是这份工作可以预先得知产业消息,有利于自己买卖股票。几乎有一半以上的工作内容他都不喜欢,只是"当一天和尚,敲一天钟"罢了。这样真的很难看出他对这份工作的热情。

这样的评断方式很简单,你不妨把自己的工作进行拆解,分辨哪些工作自己喜欢、哪些工作自己不喜欢,这样你就能清楚自己对目前的工作是否还抱有热情。

3. 工余时间分享:你是否愿意和人分享工作的点滴?

愿意在休息或下班时间谈论工作的人,我认为他应该不至于讨厌现在这份工作。

例如,同样都是软件工程师,有些人对于自己的工作描述可能就是"嗯，就是写程序啊"，但有些人可以滔滔不绝地讲出自己的工作内容。后者勇于在私下讨论，讲出工作上的经历，虽然可能会夹杂牢骚，但也代表现在这份工作能为他带来成就感。当然，如果只是纯粹抱怨，例如抱怨同事、主管或一直嫌弃自己的工作，就不在"分享"的范畴内。

我曾有一段时间担任台积电的内部讲师，几乎每隔几天就要去各部门讲授"问题分析与解决"的技巧，或担任内部"持续改善活动的评审顾问"。那段时间，我每天都非常开心，因为这就是我喜欢的工作。只要遇到朋友，我都很想与他分享自己工作上的点滴，那种分享不是显摆，而是分享我在工作上得到的成就感和满足感。

你也可以问问自己："我有多久没跟别人分享工作的点滴了？"

4. 职业生涯目标：清楚长远目标，短期工作重点不会是"适合与否"

如果长远来看，现在的工作只是一个短期规划，那就没有喜欢或是不喜欢的问题，因为你真正的目标是未来，所以目前只是在学习。譬如说，我在刚工作时定下的目标，就是成为企业顾问兼讲师。以当企业顾问来说，我很清楚自己需要"五管"：产、销、人、发、财（产品、营销、人事、研发、财务）的工作历练。

但我不是对这些都有兴趣，例如：我并不喜欢生产管理部门的工作，可是如果没有生产管理的工作经历，现在的我在辅导企业时，就没有相关经验与背景。因此，即使当时不是很喜欢，我还是要做下去，因为我很明确地知道这能为自己的长远目标加分。

但是很多人并不清楚自己的职业生涯目标，只专注把眼前的任务做好，对自己的职业生涯毫无头绪，或完全没有规划。

我们可以从很多离职后的同事身上看到，有些人更上一层楼，而有些人仍然在原地踏步，这没有绝对的对或错。不过你要知道，"机会总是留给有准备的人"。这句话很老套，却是真理。只要你有长远的规划，那么短期的工作重点就不会是"适合与否"，而是能否从中累积未来需要的经验和资历。

5. 进修学习：进修内容是否与工作内容相关？

还有一点也很重要，就是下班之后，你是否会进修与你工作的相关内容。进修的内容与工作相关，这代表你喜欢这份工作，所以选择进修，渴求补足工作中不懂之处。如果进修的内容不相关，很可能代表你已经在规划其他工作了。

如果你很喜欢现在的工作，却对未来充满迷惘，我会建议你持续提升自己，通过进修认识新朋友、增广见闻。与同样追求进步的人交流，你会得到不同的观点，不仅能知道这份工作是否适合自己，也会激发你对未来做出不一样的规划。

当你对现在的工作感到迷惘时，不妨用这五个标准来检视自己，说不定你会对现在的工作有更深的体悟。现在的学习渠道越来越多元，不管你将来的职业生涯规划是什么，找寻自己喜欢的工作，有目标、有规律地学习，对你的职业生涯绝对大有裨益。

接受挑战，勇于改变

"持续工作，然后呢？"你会不会时而感觉工作是一成不变的，感到疲倦、困顿？没关系，这是人之常情。

我以前的主管说过一句话，至今让我印象深刻，他说："工作中，每年都要有项目改善，才能持续刺激员工的想象力。"这就是激励我们勇于挑战。每年的年底，主管在评价工作绩效时都会问："针对你的工作，明年还可以有什么改善或创新？"这些内容会被纳入每年的绩效考核。

我在辅导企业的时候，常常发现他们的考核都是看日常的表现，因此我都建议他们对考核做调整，就是日常表现占50%、项目绩效占50%。简单说，就是每年都要不断改善自己的工作，才有可能获得更好的绩效。

接待工作，如何创新？

我举一个例子，让大家想象一下：每家公司的接待处都有接待人员。接待人员平常做什么呢？我想，不外乎就是接待访客、接听电话,然后做电话转接的行政工作。

这样的职位,可能每天、每年做的事都一样,做久了可能会没什么成就感。有人可以一做好几年,也有人会感到倦怠,因此选择离开。我曾经问过好几家公司的主管:"前台接待的行政人员离职率高不高?"大部分的答案都是"蛮高的",因为工作没什么挑战,每天做的事一模一样,任谁都不会觉得有成就感。

我曾经辅导过一家公司,我的团队协助他们导入持续改善的项目,要求他们每年都要有项目改善,以此激发员工的想象力,获得更好的绩效与工作成就感。

行政接待这项工作也有很多地方可以改善。来访宾客通常会在大厅等待一段时间,而有访客的员工也需要放下工作,从办公室走到大厅会见。缩短双方等待时间,让来访宾客不必久候,就是接待人员可以改善、创新的空间。

另外,若来宾携带计算机和手机,很多公司会用红色贴纸贴在手机和计算机的镜头上,以防来宾拍照。但有些贴纸不容易撕下,甚至会刮伤镜头。如果接待人员能够察觉到这些问题,就可以去想有没有更好的方法解决这样的问题。

找不到改善之处,请借助"他人"的眼光

你可能会问:"会不会改善到一定程度,就没什么好改善了呢?"有时确实会如此,这时候你可以借助其他部门同事"帮你发现

问题"。

在我辅导的企业中,曾有一位研发部门的员工发现,来宾常利用中午时段拜访,但来访时公司员工都在用餐,常有临时找不到人,只能让来宾在一楼沙发等待的状况。只能等到午休时间结束后,员工才能带来宾进公司参访。

这位研发部门的员工发现问题后,告知接待人员,会发生什么事呢?负责接待的接待人员会很开心,因为有人帮他想出了问题,他就可以想办法进行改善和创新,而且年度的项目主题也有了。

一样的问题,如果在其他公司,你能想象会发生什么事吗?事实上,职场中有很多因为"多管闲事"产生的误会和不快。当研发部门的员工把问题告知接待人员时,接待人员很可能会觉得这不关他的事,也不一定是由他们来解决。他或许会说:"那就让他等啊,中午大家都在吃饭。"研发部门的员工听到这样的响应,以后可能就不提了,毕竟提了也没好处,甚至可能会招来风言风语:"不要只是提问题、不出力,只出一张嘴!"

让员工愿意"发掘问题"

我曾协助企业导入"提案制度",我们把提案制度分成"构想提案"和"行动提案"。构想提案是指只要你有好点子就可以请别人来执行,不限于自己所在部门的业务。行动提案则是指你自己想的点子,且已经完成了。公司委员会每年都会为各部门设定提案件数,每年还会针对同事的提案开展提案竞赛与优良提案的分享,让同事之间可互相标杆学习。

刚刚提到的例子,就是研发部门想出了一个点子,这个点子可以算是该部门的提案件数。接待人员接到提案后,若觉得不错,他们会自行改善解决。这样的制度因此创造部门间的双赢,也激发了员工的想象力。

很多企业文化其实都是刻意经营的,却能刻意到让众人受用。一个持续改善的文化,其实是由很多东西组成的,但至少"项目改善纳入绩效"与"提案制度"就是很不错的做法,我辅导的企业最后都获得很棒的成效!

不管你现在是一般员工还是主管,我的建议是,每天都要问自己:"工作还可以有哪里需要改善?"如此你就会知道,职场上所有的路,其实都需要修正、修正、再修正,只有进步才不会退步。

永远"不及格"——学习负责,为自己打分数

我常听到有些人踏入新的工作环境后,没过多久就由于太辛苦或压力太大选择离开。我在台积电待了十年,究竟是如何"存活"下来的呢?在这里,我要和大家分享我的故事。

我在台积电的第一个职位的工作是负责生产管制与管理。报到后第一周,主管跟我说:"你还不用做事。"但我每天都有工作文件要看、要学,有些是幻灯片(PPT)资料,有些是SOP(Standard

Operation Procedure, 标准作业程序) 文件。我需要按照主管给我的学习清单，按部就班地看完学习清单中的所有文件。

当时，一个新人报到后，台积电都会安排一位资深员工，为新人做生活或工作上的咨询，并搭配一系列的培训。第一周的新人学习周，资深员工会利用工作之余教新人很多东西，让新人可以快速适应工作上的步调。

工作未满一年，萌生离职念头

两个月后，我慢慢进入工作状态，但辛苦的日子也来了，连续工作15小时是家常便饭。我每天7:00左右进公司，22:00才下班。每天就是工作、工作、再工作，累了就睡觉，起床后继续工作。有一段很长的时间，我几乎没看过太阳，只有月亮和星星伴着我回家。

后来的某天早上，我6:30开车到达公司，在公司停车场转了一圈又一圈，心中突然萌生离职的念头。在台积电，除了上班还是上班，这不是我想要的生活。除了工作时间长以外，工作压力也大，一进公司就像在打仗，一有情况马上就得处理。有时你觉得可以给自己打100分的工作，可能在主管心中只有50分。

我认真想了想，之所以会有认知上的落差，是因为主管已经习惯公司的高标准作业，而员工无法察觉主管眼中的重点。

身为基层员工，我们常从一个点看问题，以为一个点解决了，问题就能被解决。但主管常能从这个点看到很多线，甚至看到整个面。但当时的我,还不具备这种解决问题的思维。其实,换个角度想,我当时还有很大的进步空间。

离职的念头酝酿几天后,我还是决定坚持下去了。"如果这些辛苦你都不能克服,那未来要如何克服更困难的事?但如果你能撑过这一关,那往后还有哪些事情能难得倒你?大家都想进台积电,你好不容易进入公司,别人想进还不一定能进得来。在别人放弃你之前,你不能先放弃。"当时的女友这样鼓励我。

这一段话,成为一股不能放弃的力量。我对自己说,至少我要"存活"下来,我要证明给所有人看。这股不服输、想"存活"下来的决心,对我日后创业的影响也非常大。

不看别人的学历,让自己重新出发

没有亲自走一遭,很难想象台积电会聚了多少精英。那时候我的同事大多毕业于台湾大学、台湾新竹清华大学和台湾交通大学,还有不少来自美国名校。他们几乎都拥有硕士学位,拥有博士学位的同事也不少。

和这些高学历的精英共事,我变得非常没自信,毕竟我不是名校毕业,总感觉自己矮人一截。除了来自主管的压力外,还有来自同事之间的竞争,压力之大可想而知。但我无法改变这些事实,如果我想生存下来,就必须改变自己的想法。

想了一段时间后,我决定换个想法,我认为自己不比人差,否则也进不了公司。与其一直看着别人的学历,不如把学历当成过去,让自己重新出发。进公司是看努力程度与工作态度,况且我学到的本事都是自己的。想法转变之后,我工作的信心与目标又慢慢回来了。渐渐地,我把优秀的同事视为学习对象,我又何其有幸,可以向这些强者学习,让自己也有机会成为强者。

工作一阵子之后,我知道要在台积电"存活"下来,工作绩效一定不能太差。所幸当时我很清楚自己的强项与弱项,我持续在工作中强化强项,在工作之余补强弱项。后来,我终于在入职两年后,在部门项目竞赛中拿到第三名,这对当时的我而言是非常大的鼓舞。

我想说的是,心态很重要。竞争激烈、同事压力,都无法靠一己之力改变,但面对同一份工作,心态调整对了,很多问题就不再是问题,再难的项目都有机会成功。

从想放弃到转念,我的勇气与决心

这是一段从想放弃到转念,充满勇气与决心的心路历程。"想放弃"是因为我找不到工作的价值;"转念"是来自不看别人的学历,让自己重新出发;"勇气"是来自家人的鼓励;"决心"是来自自己设定的目标。接下来,我要做的就是勇往直前、努力不懈。

当年撑住、"存活"下来后,我在台积电一待就是十年,如果当时不到一年就离职,很难想象我现在会怎样。但我相信,我因这段最辉煌的人生而变得更强大了,同时更要感谢当时遇到的主管和一路上认识的"贵人"、朋友。

在职业生涯中,我学到的本领使我受用无穷,我有幸能通过本书与各位读者分享我所学到的处事原则、工作方法与核心价值观,也期待各位能从中获取养分,练就高效率的工作法,培养出崭新的思维。我坚信只要一步一个脚印、笃实前行,所有的努力都会在生命中留下痕迹。